W0061076

Rosanoff Intuitionstraining

Nancy Rosanoff

Intuitionstraining

Erschließung und Anwendung des inneren Wissens

Aus dem Amerikanischen von
Maria Müller

IRISIANA

IRISIANA

Eine Buchreihe herausgegeben von
Margit und Rüdiger Dahlke

Die Originalausgabe erschien unter dem Titel
Intuition Workout
bei Aslan Publishing
© 1988 Nancy Rosanoff

Die Deutsche Bibliothek – CIP-Einheitsaufnahme
Rosanoff, Nancy:
Intuitionstraining: Erschließung und Anwendung des inneren
Wissens / Nancy Rosanoff. Aus dem Amerikan. von Maria
Müller. – München: Hugendubel, 1994
(Irisiana)
Einheitssacht.: Intuition workout ⟨dt.⟩
ISBN 3-88034-709-3

© der deutschsprachigen Ausgabe
Heinrich Hugendubel Verlag, München 1994
Alle Rechte vorbehalten

Umschlaggestaltung: Zembsch' Werkstatt, München
Produktion: Tillmann Roeder, München
Satz: Uhl + Massopust, Aalen
Druck und Bindung: Huber, Dießen
Printed in Germany
ISBN 3-88034-709-3

Inhalt

Übungen

Danksagung

Mein erstes Dankeschön gilt allen meinen Schülern, vergangenen, gegenwärtigen und zukünftigen, dafür, daß sie den Mut haben, mit mir gemeinsam unbekanntes Land zu erforschen, wodurch dieses Buch erst möglich wurde. Ein ganz besonderes Dankeschön an Dich, Sandy Freeman, wo immer Du gerade bist, daß Du mich dazu inspiriert hast, diesen beruflichen Weg zu gehen. Auch das New York Open Center und das Esalen Institut in Big Sur, Kalifornien, verdienen ein herzliches Dankeschön, da ich durch sie mein Publikum erreichen konnte. Aslan Publishing und Dawson Church haben den Wert meiner Arbeit erkannt und mich tatkräftig unterstützt. Bei Brenda Plowman von Aslan möchte ich mich für die Koordination bei der Produktion dieses Buches bedanken und bei Ira Harmon für seine Illustrationen. Und nicht zuletzt ein »Danke« an meinen Macintosh-Plus-Computer, der das Schreiben für mich zu einem wahren Vergnügen gemacht hat. Danke, Mac, dank Deiner Inspiration habe ich viel mehr schreiben können!

Des weiteren möchte ich mich bei den folgenden Personen für ihre guten Ratschläge und ihre Hilfe beim Lesen des Manuskripts bedanken: Ray Cicetti, Kathy Bateman, John Nonna, Daniel Korin, Linda Hall, David S. Burr, Ann Depta, Charles Simpkinson, Gail Greenstein, Nancy und Jack Goldstein, Edgar Mitchell, Angela Manno, Judith Stanton, Pat Rodegast, Penny Price, Roy Rowan und Jack Himmelstein. Die Inspiration für die Körperintuitions-Übung verdanke ich Betsy Westendorf, die Ampel-Übung Stewart Emery und die Übung »Ängste loslassen« Marilee Zdeneks *The Right Brain Experience*. Ich möchte auch nicht versäumen, Kathy Bateman für ihren Zuspruch zu danken; sie glaubte an mich, paßte auf meine Kinder auf und war mir eine wahre Freundin. Auch Janet Dubin soll nicht vergessen werden; sie war vor, während und nach dem Schreiben dieses Buches der gute Geist in meinem Büro und sorgte für einen reibungslosen Ablauf.

Zu guter Letzt danke ich meiner Familie: meinem Mann, John Krysko, der als erster den Wert meiner Arbeit erkannte und mich all die Jahre hindurch unterstützte; meinen Eltern, Peg und Tom Dorr, für ihre Liebe und Akzeptanz; meinen Schwestern Julee, Andrea, Kathy, Aimee und Janice für ihre Freundschaft; und – last but not least – meinen Kindern, Tamar Ragir und Jessie Krysko, für ihre Liebe und Unterstützung.

Einführung

Mein Mann und ich waren gerade aus der Stadt in die Berge Nord-kaliforniens gezogen, um ein einfaches »Landleben« zu führen. Um zu unserem Haus zu kommen, mußte man mehrere Kilometer eines Trampelpfades hinter sich bringen; zwei Jahre lang mußten wir ohne Strom und sanitäre Anlagen zurechtkommen. Anfangs hatten wir vom Landleben keine Ahnung, und alles war aufregend und neu.

Auch unsere Hündin war eine »Stadtpflanze«. Mit Begeisterung rannte sie durch die Wälder und kam irgendwann wieder.

Eines Tages kam sie nicht wieder. Dafür tauchten unsere Nachbarn auf, die ein paar Kilometer weiter weg wohnten. Sie erzählten, unsere Hündin hätte gerade zwanzig ihrer Enten getötet. Deshalb hatten sie sie festgebunden und wollten, daß wir sie erschießen, da sie – als Coon-Hündin – eine natürliche Jägerin sei. Daß man ihr das Jagen und Töten abgewöhnen könnte, sei eher unwahrscheinlich.

Wir waren gerade erst zugezogen und wollten mit unseren Nachbarn natürlich keinen Streit anfangen. So gingen wir mit ihnen. Sie hatten eine Flinte, und wir sollten es gleich hinter uns bringen. Es war unglaublich: Ich hatte tatsächlich ein Gewehr in der Hand und zielte auf den Kopf meines Hundes und war gerade dabei abzu-drücken.

Weinend bat ich unsere Nachbarn, uns zwei Wochen für den Versuch zu geben, sie umzuerziehen. Wenn sie auch dann noch jagen sollte, würde ich sie erschießen. Sie waren einverstanden, aber nicht sehr zuversichtlich.

Die nächsten eineinhalb Wochen probierten wir alle Ratschläge aus, um ihr das Jagen abzugewöhnen. Wir ließen sie hungern, wir schlugen sie, wir banden ihr eine tote Ente um den Hals – vergebens. Nichts half, und die Zeit wurde knapp.

Eines Tages machte ich einen langen Spaziergang. Ich setzte mich in eine Wiese und weinte. Es mußte doch eine Möglichkeit geben.

Und plötzlich hörte ich eine kleine Stimme in meinem Kopf: »Versuch's doch mal mit einer Glocke«, sagte sie. Und ich dachte: »Na ja, versuchen können wir's ja mal.«

Und es klappte. Mit der Glocke um den Hals hörten die Enten und Hühner sie schon von weitem und liefen davon. Bald verlor sie die Lust am Jagen. Wir hielten dann selbst ein paar Hühner, damit sie lernte, sie nicht zu jagen, und wir hatten nie wieder Probleme damit. Seitdem habe ich keine wichtigen – und auch keine unwichtigen – Entscheidungen getroffen, ohne vorher meine Intuition zu befragen.

Dieses Ereignis überzeugte mich von der Gültigkeit intuitiven Denkens. Sie können jetzt natürlich sagen: »Es ist doch ganz logisch, dem Hund eine Glocke umzubinden.« Doch auch die Leute, die ich um Rat bat, kamen nicht auf diese Idee. Die Botschaft kam ganz klar aus mir heraus, aus einem Teil von mir, der mir nicht bewußt war und mit dem ich zu jenem Zeitpunkt auch nicht bewußt Kontakt aufnehmen konnte.

Seit dieser Zeit befasse ich mich mit Intuition; daraus entstand ein Übungsprogramm, um sie zu trainieren und zu stärken. Meine Entdeckungen werden im vorliegenden Buch beschrieben.

Diese Methoden wurden von Tausenden von Menschen in meinen Seminaren angewendet. Sie kommen aus den unterschiedlichsten Lebensbereichen: Hausfrauen, Führungskräfte, Leute aus der Werbebranche, Dozenten, Finanzleute, Bewerber – alle, die tagtäglich vor Entscheidungen gestellt werden –, und wer wird das nicht?

Ihre Intuition ist eine Kraftquelle, eine zusätzliche Informationsebene, die beim »Aussortieren« all der vielen Optionen und Alternativen unglaublich hilfreich ist, und das nicht erst in Krisensituationen. Sie ist ein verläßliches, immer zugängliches Werkzeug und eine Quelle, die jederzeit »angezapft« werden kann, wenn Sie dies einmal gelernt haben. Sie ist ein vertrauenswürdiger Ratgeber und Freund. Im folgenden wird beschrieben, wie Sie diese Quelle jederzeit in Ihrem Leben nützen können.

Intuition und die folgenden Übungen sind selbstverständlich kein Ersatz für professionelle Hilfe und Beratung. Und doch ist Ihre Intuition, wenn sie erst einmal trainiert und für Sie zugänglich ist, eine nützliche zusätzliche Ebene von Ratschlägen und Informationen über Situationen, die auf Sie zukommen. Aber Intuition soll eigenständiges Denken, Verantwortlichkeit und Informiertheit nicht ersetzen. Wenn eine Situation den Rat eines Arztes, Anwalts, Buchhalters etc. erfordert, sollten Sie diese professionelle Hilfe unbedingt in Anspruch nehmen.

I
Dehnen und Auflockern

Kapitel 1
Das Intuitions-Aufwärm-Programm

Intuitions-Muskelaufbau

Intuition ist wie ein Muskel: Sie braucht Übung, um stark, flexibel und zuverlässig zu werden. Viele Menschen haben intuitive »Geistesblitze«; so wissen wir zum Beispiel manchmal, wer am Telefon ist, bevor wir den Hörer abnehmen. Oder wir haben das Gefühl, daß wir wußten, was passieren würde, noch bevor es tatsächlich passierte. Dies ist nur ein kurzer Blick auf eine Fähigkeit, die wir zwar alle besitzen, die aber nur wenige weiterentwickeln.

Dieses Buch soll Ihnen dabei helfen, ein Trainingsprogramm für *Ihre* Intuition zu entwickeln, damit sie eine Quelle der Einsicht wird, die Ihnen zuverlässig dann hilft, wenn Sie sie brauchen.

Ich nehme an, daß Sie, als Leser dieses Buches, bereits wissen, daß Intuition eine wichtige Kraftquelle ist, daß Sie aber glauben, Sie müßten warten, bis sie von selbst einmal kurz aufblitzt; Sie denken vielleicht, daß sie sich der bewußten Kontrolle entzieht. Ich möchte Sie davon überzeugen, daß dem nicht so ist. Intuition kann immer dann für Sie da sein, wenn Sie darum bitten, wenn Sie sie am meisten brauchen.

Bevor wir weitermachen, sollten wir den Begriff Intuition definieren. Meine nützlichste und allgemeinste Definition lautet: *Intuition ist, wenn wir etwas wissen, aber nicht wissen, wie wir wissen.* Tiefgründiger ausgedrückt, ist es ein inneres Wissen beziehungsweise ein Wissen, das von innen kommt.

Dieses Wissen kann zwar durch äußere Umstände stimuliert werden, die Information kommt jedoch von innen. So kann es zum Beispiel passieren, daß wir mit einem Freund essen gehen möchten, uns aber für kein bestimmtes Restaurant entscheiden können. Und prompt treffen wir »zufällig« einen anderen Freund, der uns zufällig von dem tollen Restaurant erzählt, in dem er gestern abend war. Wir wissen intuitiv von innen heraus, daß die Idee gut ist. Wir wissen, daß sie von innen kommt, weil solche Ideen meistens von starken physischen, visuellen und/oder emotionalen Empfindungen begleitet sind. Jeder erfährt diese Empfindungen unterschiedlich, und doch sind sie sich sehr ähnlich, wie wir im folgenden sehen werden.

Wie dieses Buch benutzt werden sollte

Jedes Kapitel entspricht einem wöchentlichen Trainingsprogramm und behandelt einen bestimmten Aspekt der Intuition. Es zeigt eine Hauptübung für die Woche und gibt auch Hinweise auf verschiedene Ideen oder Variationen zu dieser Hauptübung, die täglich praktiziert werden sollte. In jedem Kapitel gibt es Beispiele und persönliche Geschichten von Leuten, die diese Übungen angewandt haben. Außerdem werden Fragen zu den betreffenden Themen diskutiert.

Ich möchte Sie bitten, das Buch einmal ganz zu lesen. Danach sollten Sie noch einmal von vorne anfangen und das jeweilige Wochenprogramm durchführen. Manche brauchen dafür vielleicht länger als eine Woche; es kann sogar passieren, daß Sie zwei oder drei Wochen benötigen, um alle Übungen zu machen. Das ist völlig in Ordnung.

Wieder andere arbeiten sich in einer Woche vielleicht durch mehr als ein Kapitel durch. Auch das ist okay. Wichtig ist nur, daß Sie Ihr eigenes Tempo finden und auch beibehalten. Wenn sich nach einer Woche herausstellen sollte, daß Sie die Übungen dieser bestimmten Woche nicht ein einziges Mal in Ihr Leben integrieren konnten, sollten Sie sich eine weitere Woche Zeit damit lassen. Wenn Sie das entsprechende Material auch dann noch nicht verinnerlicht haben, machen Sie einfach weiter. Nachdem das Programm beendet ist, können Sie jedes beliebige Kapitel wiederholen. Ich schlage außerdem vor, daß Sie während des Trainings eine Art Tagebuch führen. Es zeigt Fortschritte und Schwachpunkte und gibt Ihnen ein Feedback zu Ihrer Intuitionsarbeit. Bei jeder Übung erinnere ich Sie an das Aufschreiben. Ihre Eintragungen können Sie immer dann vornehmen, wenn es Ihnen paßt.

Arten der Intuition

Intuition kommuniziert mit jedem von uns auf eine einzigartige Weise. Ich stelle Ihnen in diesem Buch die Übungen vor, die es Ihnen leichter machen herauszufinden, wie Ihre Intuition zu Ihnen spricht. Es liegt an Ihnen, diese Methode dann so lange zu praktizieren, bis Sie mit ihr vertraut sind.

Grundsätzlich gibt es drei Wege, wie die Intuition zu uns spricht: durch *Bilder und Symbole*, durch *Gefühle und Emotionen* sowie durch *körperliche Empfindungen*. Intuition ist nicht unbedingt verbal oder logisch, deshalb müssen wir empfänglich werden für die subtile Sprache der Symbole, Gefühle und körperlichen Empfindungen, um zu hören, was sie uns sagen will.

Es gibt drei Hauptformen der Intuition: *mentale, emotionale* und *kinästhetische* (oder physische).

Mentale Intuition wird fast so wie ein *Gedanke* empfunden. Es ist eine eher maskuline, zielorientierte Form der Intuition, die viel von Geschäftsleuten benutzt wird. Sie erscheint wie ein ungebetener oder hartnäckig wiederkehrender Gedanke. Mental intuitive Menschen haben dann oft das Gefühl, sie bilden sich etwas ein. Eine mentale Intuition kann wohl am besten als leises Gefühl beschrieben werden.

Emotional intuitive Menschen *fühlen* ihre Intuition. Wir alle kennen die traditionelle »Intuition der Frau«, ein vages, unbestimmtes Gefühl, sei es gut oder schlecht, das man nur schwer erklären kann; und doch stellt es sich oft als richtig heraus.

Emotional Intuitive fühlen sich leicht ein wenig depressiv, wenn ihre Intuition ihnen sagt, daß etwas nicht stimmt. Sie brauchen nur mit jemandem in ein Zimmer zu gehen oder jemanden am Telefon »hallo« sagen hören, und schon wissen sie, ob die Person glücklich oder traurig ist. Sie fühlen oft genau diese Gefühle selbst, ohne zu erkennen, daß sie anderer Leute Gefühle und Gedanken aufschnappen. Emotional Intuitive »mögen etwas oder auch nicht«, für sie »fühlt« sich eine Sache »gut« oder »schlecht« an. Sie treffen Entscheidungen aufgrund von Gefühlen.

Kinästhetisch Intuitive erhalten Informationen über *körperliche Empfindungen.* Sie haben »ein komisches Gefühl im Bauch«, bekommen Herzklopfen, oder etwas bereitet ihnen Kopfschmerzen. All das sind Formen der kinästhetischen Intuition. Solche Menschen fühlen sich dabei dann entweder »gut« oder »komisch«.

Bei den meisten Menschen sind diese drei Grundformen natürlich gemischt, auch wenn eine Form dominant sein kann. Den reinen Typus trifft man kaum an. Hier werden diese Reintypen nur aufgeführt, um klarzumachen, daß es verschiedene Möglichkeiten der intuitiven Information gibt.

Eine Bemerkung, die ich immer wieder zu hören bekomme, ist: »Ich darf nicht intuitiv sein, weil ich nicht das gleiche erlebe, was der andere erlebt.« Das Verständnis der verschiedenen Formen macht deutlich, daß jeder seine eigene Art der intuitiven Wahrnehmung hat. Auf diesem Gebiet müssen Sie sich wirklich ganz auf sich selbst verlassen, auf *Ihre* Gefühle, Empfindungen, Bilder.

Bei allen drei Grundformen kann die Intuition visuell, gefühlsmäßig oder über das Gespür wahrgenommen werden. Mental Intuitive neigen eher zu Visualisation und Gespür. Emotional intuitive Menschen sind sowohl visuell als auch fühlend und spürend veranlagt, und kinästhetisch Intuitive benutzen Gefühl und Gespür.

All diese verschiedenen Formen der Intuition müssen trainiert und entwickelt werden, damit wir uns auf sie verlassen können. Ich sage es an dieser Stelle ganz deutlich (und es wird nicht das letzte Mal sein): *Es ist sehr wichtig, den Unterschied zwischen einer gültigen Intuition und einer Angst oder einem Bedürfnis zu kennen.* In der dritten und vierten Woche wird dieses Thema im einzelnen behandelt, um Ängste und Bedürfnisse verstehen zu lernen und zu erkennen, wie sie die Intuition verzerren.

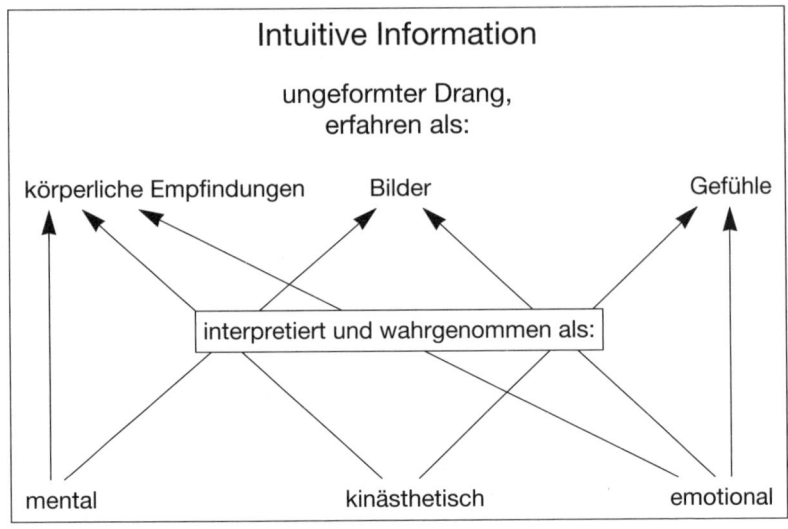

Wie das Intuitions-Aufwärm-Programm durchgeführt werden sollte

Die erste Aufwärm-Übung, die sogenannte Visualisierungs-Übung, soll Ihnen zeigen, welche Form(en) der Intuition bei Ihnen vorhanden sind. Der Name ist ein wenig irreführend. Ich werde Ihnen zwar Bilder als Anhaltspunkt geben, aber es kann durchaus sein, daß Sie eher »fühlen« als »sehen«.

Andere dagegen »denken« sich etwas dabei. Vielleicht glauben Sie, Sie würden nur so tun, als ob Sie mitmachen. Aber all das ist in Ordnung. Es ist ein Hinweis darauf, wie Sie Zugang zu Ihrer Intuition gewinnen. Sie sollten sich also durch den Namen »Visualisierungs-Übung« nicht irreführen lassen, sondern sich vielmehr auf Ihre ganz persönlichen Erfahrungen damit einlassen.

Vorbereitung auf das Aufwärm-Programm

Vor allem am Anfang ist es ganz wichtig, daß Sie für die Übungen in der richtigen Stimmung sind. Später, wenn Sie schon etwas mehr Übung und Vertrauen haben, spielt das keine so große Rolle mehr.

Doch jetzt, am Anfang, sollten Sie sich Zeit nehmen und Störungen durch andere Leute, Telefonanrufe und Türklingeln ausschließen. Ein bequemer Stuhl oder ein komfortables Sofa ist wichtig. Sitzen ist gerade jetzt empfehlenswert, weil viele im Liegen leicht einschlafen. Später können Sie dann durchaus im Liegen üben.

Wenn Sie gerne Entspannungs- oder Meditationsmusik oder auch einfach Hintergrundmusik hören, tun Sie das. Wenn Sie davon eher abgelenkt werden, lassen Sie es einfach bleiben. Das Wichtigste für den Erfolg der Übungen ist Ihre innere Einstellung dazu. Immerhin haben Sie dieses Buch gekauft: Das ist ein sehr guter Anfang, denn es bedeutet, daß Sie mit Ihrer Intuition in Kontakt kommen möchten.

Bleiben Sie offen für alles, denn alles ist möglich, alles kann passieren. Das Analysieren sollten Sie verschieben auf danach. Jetzt, während Sie die Übung machen, brauchen Sie nicht darüber nachdenken. Seien Sie einfach Beobachter.

Sie können die Übung auch mit einem Freund machen und sie sich gegenseitig vorlesen. Oder nehmen Sie die Übung auf Kassette auf und spielen Sie sie sich vor. Es gibt auch eine Kassette für dieses Trainingsprogramm, die können Sie natürlich ebenfalls verwenden.

Beim Vorlesen beziehungsweise Aufnehmen sollten Sie darauf achten, daß langsam und deutlich gesprochen wird, mit einer kurzen Pause bei den Kommas, einem längeren Stop bei Punkten und einem Innehalten nach Absätzen. So geben Sie sich beziehungsweise Ihrem Freund Zeit, Bilder entstehen zu lassen. Für diese Übung sollten Sie sich ungefähr eine halbe Stunde Zeit nehmen. In Kursen lasse ich Meditationsmusik spielen, um eine entspannte Atmosphäre zu schaffen.

Sind Sie bereit? Dann setzen Sie sich auf einen bequemen Stuhl, machen ein paar tiefe Atemzüge, schließen die Augen und lenken Ihre Aufmerksamkeit auf das, was jetzt geschehen kann.

❋

Übung 1
Die Intuitions-Aufwärm-Übung

Stellen Sie sich vor, Sie gehen irgendeine Straße entlang. Achten Sie darauf, was für ein Tag es ist und in welcher Jahreszeit Sie sich befinden. Sehen und erleben Sie so viele Einzelheiten wie möglich: die Straße, den Tag, was um Sie herum passiert. Welche Gefühle haben Sie dabei? Hören Sie den Verkehr und achten Sie auf das, was um Sie herum vorgeht.

Beim Gehen werden Sie sich dann bewußt, daß sich vor Ihnen ein Lebensmittelgeschäft oder ein Gemüsemarkt befindet. Gehen Sie darauf zu. Jetzt stehen Sie vor dem Laden und schauen ihn sich an. Jede Einzelheit nehmen Sie wahr.

Gehen Sie in den Laden hinein und zur Gemüseabteilung. Dort wenden Sie sich in die Ecke, wo Zitrusfrüchte verkauft werden. Wenn Sie dort angelangt sind, nehmen Sie eine Orange in die Hand. Fühlen Sie sie; spüren Sie ihr Gewicht; schauen Sie sie an und nehmen Sie ihre Farbe wahr. Berühren Sie die Schale der Orange und fühlen Sie ihre Konsistenz.

Nun schälen Sie die Orange und nehmen die Innenseite der Schale zur Kenntnis. Sie können die Orange jetzt auch riechen. Schälen Sie die Orange ganz und gar.

Jetzt lösen Sie ein Stückchen Fruchtfleisch aus der Orange heraus und stecken es in den Mund. Nehmen Sie einen Bissen davon und kauen Sie ihn. Schmecken Sie ihn. Fühlen Sie, wie der Saft beim Schlucken durch Ihre Kehle rinnt. Schmeckt es Ihnen? Essen Sie, soviel Sie mögen.

Sind Sie mit der Orange jetzt fertig? Dann gehen Sie zu den Zitronen und nehmen eine davon in die Hand. Spüren Sie ihr Gewicht. Nehmen Sie ihre Farbe wahr, ihre Konsistenz. Suchen Sie sich ein Messer und schneiden Sie ein Stückchen ab. Jetzt riechen Sie auch den Zitronenduft. Stecken Sie das Stückchen Zitrone in den Mund, beißen Sie hinein und fühlen Sie, wie Ihr Mund reagiert.

Legen Sie die Zitrone hin und gehen Sie aus dem Laden hinaus. Auf der Straße blicken Sie sich um. Hat sich etwas geändert? Achten

20

Sie auf die Geräusche, den Anblick, der sich Ihnen bietet, die Gerüche. Gehen Sie denselben Weg auf der Straße zurück, von wo Sie gekommen sind. Nehmen Sie noch einmal den Tag wahr, die Jahreszeit, das Wetter. Dann kommen Sie langsam zu sich selbst zurück, in Ihren Stuhl und atmen tief durch. Wenn Sie bereit sind, öffnen Sie die Augen.

---------------- ✳ ----------------

Eindrücke

Nun sollten Sie sich die Zeit nehmen, Ihre Erlebnisse niederzuschreiben, auch besondere Erlebnisse und Dinge, die ich nicht erwähnt habe. Machen Sie sich vor allem klar, ob Sie Bilder gesehen haben, die Erfahrung gefühlt oder sie gedacht haben. Es kann durchaus sein, daß Sie eine »kombinierte« Erfahrung gemacht haben, mit mehreren oder allen dieser Intuitionsformen.

Was können Sie aus dieser Übung lernen?

Für manche mag es eine sehr emotionale Erfahrung sein: Die Straße kennen sie zum Beispiel aus der Kindheit. Nostalgische Gefühle mögen hochkommen. Wer diese Übung so erlebt, ist wahrscheinlich emotional oder auch kinästhetisch intuitiv veranlagt.

Andere wiederum erleben eine Kombination von Simulieren und Spüren: Sie stellen sich einen Gemüsemarkt in einer Straße vor, wo es in Wirklichkeit gar keinen gibt. Oder sie bemerken vielleicht, daß niemand sie aufhält, wenn sie aus dem Laden gehen, ohne zu bezahlen. Dies sind Zeichen mentaler Intuition.

Manche von meinen Schülern waren bei dieser Übung schwer damit beschäftigt, den Orangensaft von ihren Fingern zu bekommen; andere warfen dabei die Schalen auf den Boden, was sie im wirklichen Leben niemals tun würden.

All das sind kreative Lösungen für Probleme in der Übung. Wahrscheinlich tauchen alle Elemente dieser Situation schon vorher einmal auf, wenn auch nicht in genau dieser Reihenfolge. Dabei erinnert sich Ihr Gedächtnis an den klebrigen Saft, und Sie sind dann damit beschäftigt, das Problem zu lösen. Ihre Fähigkeit zur kreativen Problemlösung wird dabei gleich mittrainiert.

Kapitel 2
Die Begegnung mit der Intuition
1. Woche

Woher weiß ich den Weg aller Dinge am Anfang? Von dem, was in mir ist.
— Lao-Tsu —

Die Beziehung zur Intuition

Zu allererst müssen Sie zu Ihrer Intuition eine Beziehung herstellen. Dazu müssen Sie natürlich erst einmal herausbekommen, *wo* sich Ihre Intuition befindet. Wenn Sie ein kinästhetisch intuitiver Mensch sind, werden Sie es *fühlen*. Für mental intuitiv Veranlagte wird es eher so aussehen, als ob sie sich etwas zusammenreimen oder als ob vergangene Erfahrungen in einen Zusammenhang gebracht werden. Für den »fühlenden« Typ wird sich die Übung wirklich oder wie ein bedeutungsvoller Traum anfühlen. Und natürlich können alle drei Erfahrungsarten eine Rolle spielen.

Auf keinen Fall versuchen!

Für alle gilt: *Bloß nichts versuchen!* Versuchen bedeutet immer Anstrengung, um die entsprechenden Bilder und Gefühle herbeizuzwingen. Es heißt auch, daß man eigentlich nicht glaubt, daß es von alleine gehen könnte, und daß man dann doch lieber bewußt und mit dem Kopf Einfluß auf das Geschehen nehmen will. Keine Sorge, wenn es einige Zeit oder vielleicht sogar ganz schön lange dauert, bis ein Bild oder Gefühl auftaucht. Das ist völlig normal.

Führen Sie sich immer wieder vor Augen, daß Intuition nicht-rational und nicht-linear ist. Mit unseren normalen Denkweisen kommen wir dabei nicht weiter. Unser Übungsprogramm zielt darauf ab, Sie in Kontakt mit einem viel subtileren Denken und Fühlen kommen zu lassen. Deshalb ist es wichtig, alles loszulassen und einmal etwas anderes geschehen zu lassen.

Und selbst wenn gar nichts passiert: *Auch das ist in Ordnung!* Machen Sie einfach mit ein paar anderen Übungen weiter. Es ist immer noch besser, nichts geschehen zu lassen als ein Geschehen herbeizuzwingen!

Für diese Übung sollten Sie sich mindestens eine halbe Stunde Zeit nehmen. Hören Sie dabei sanfte meditative Musik, wenn Sie wollen, oder spielen Sie sich noch einmal Ihre Übungskassette vor. Setzen Sie sich bequem hin und achten Sie vor und während der Übung auf Ihre Atmung.

------------ ✲ ------------

Übung 2
Die Begegnung mit Ihrer Intuition

Atmen Sie ein paarmal tief durch. Mit jedem Einatmen werden Sie entspannter, mit jedem Ausatmen lassen Sie auch Spannungen, Ablenkungen, Gedanken los. Entspannungort

Stellen Sie sich einen für Sie idealen Platz vor, einen Platz, an dem Sie kreativ und voller Frieden ganz Sie selbst sein können, einen Platz, der nur für Sie da ist, was und wo auch immer das sein mag.

Lassen Sie sich Zeit, damit der allerbeste Platz in Ihrer Phantasie hochkommen kann. Sehen und spüren Sie diesen Platz mit so vielen Einzelheiten wie möglich: die Möbel, die Farben, die Umgebung, die Ausstattung, Werkzeuge, Spielzeug, all das, was Sie gerne dort haben möchten. Lassen Sie alles in Ihrer Vorstellung genaue Gestalt annehmen.

Die Vorstellung sollte so stark werden, daß Sie sich an diesem Platz fühlen können. Wie fühlt sich dies für Sie an? Was ist das für ein Gefühl, an dem Platz zu sein, der für Sie geschaffen worden ist, für Ihr Wohlbefinden, für Ihre Kreativität, für Ihre Gelassenheit? Gibt es an diesem Ort Fenster? Dann schauen Sie hinaus, um zu sehen, wo Sie sich befinden. Befindet sich dieser Platz im Freien? Dann schauen Sie sich die Umgebung an. Welche Aussicht haben Sie? Ist die Aussicht wichtig für diesen Ort der Kreativität?

Irgendwo in diesem Raum beziehungsweise dieser Umgebung befindet sich eine Reihe von fünf Barometern. Sie bemerken sie nun und gehen darauf zu. Jedes Barometer zeigt an, wie ein bestimmter Teil von Ihnen sich gerade fühlt. Die Skala reicht jeweils von eins bis zehn; eins bedeutet niedrig, zehn ist sehr hoch.

Das erste Barometer zeigt Ihnen Ihr körperliches Befinden an. Projizieren Sie nicht Ihre Gefühle auf das Barometer. Lassen Sie einfach die Flüssigkeit im Barometer Ihren körperlichen Zustand anzeigen, ohne daß Sie versuchen einzugreifen. Akzeptieren Sie einfach, was es Ihnen anzeigt.

Das nächste Barometer führt Ihnen Ihr emotionales Befinden vor Augen. Beobachten Sie, wie die Flüssigkeit hochsteigt bis zu der Zahl, die Ihrem emotionalen Zustand am ehesten entspricht.

Das dritte Barometer steht für Ihre geistige Klarheit. Es führt Ihnen Ihr geistiges Befinden vor Augen.

Das vierte Barometer ist ein Anzeiger für Ihr spirituelles Wohlbefinden. An diesen Teil Ihres Wesens mögen Sie schon seit geraumer Zeit nicht mehr gedacht haben. Lassen Sie die Flüssigkeit hochsteigen und Ihnen Ihren spirituellen Zustand vor Augen führen, was auch immer das für Sie bedeutet.

Das letzte Barometer schließlich steht für Ihr Gesamtbefinden. Schauen Sie genau hin, was es Ihnen zu sagen hat.

Jetzt treten Sie ein Stück zurück und denken ein paar Augenblicke über das nach, was die Barometer Ihnen gezeigt haben.

Setzen oder legen Sie sich dann bequem hin an diesem wundervollen Ort. Machen Sie es sich richtig gemütlich. Schauen Sie sich um und entdecken Sie noch mehr Einzelheiten Ihres Platzes.

Nun atmen Sie tief durch und laden Ihre Intuition ein. Alle vorgefaßten Ansichten treten beiseite, Sie lassen sich an diesem Ihrem Ort von Ihrer Intuition besuchen.

Es gibt Millionen von Möglichkeiten. Vielleicht kommt Ihre Intuition als Tier, als Mensch, als ein Geistwesen, oder sie ist einfach eine Präsenz: etwas, das Sie zwar nicht sehen können, von dem Sie aber wissen, daß es da ist. Lassen Sie sich dafür ein wenig Zeit.

Wenn Sie wissen, daß Ihre Intuition bei Ihnen, an Ihrem Platz, angekommen ist, sagen Sie »Hallo« zu ihr. Lassen Sie sich etwas einfallen, um mit ihr zu kommunizieren. Das muß nicht unbedingt mit Worten geschehen. Vielleicht bewegt sie sich einfach oder sendet Ihnen eine telepathische Botschaft. Fragen Sie Ihre Intuition, ob sie Ihnen in diesem Moment, etwas mitteilen möchte.

Lassen Sie sich Zeit damit, Ihrer Intuition zuzuhören. Vielleicht haben Sie dabei ein bestimmtes Gefühl, oder die Botschaft wird in

Worten oder Bewegungen übermittelt. Was es auch sein mag: Nehmen Sie es an und vergessen Sie es nicht.

Jetzt danken Sie Ihrer Intuition dafür, daß sie zu Ihnen gekommen ist, und sagen erst einmal »Auf Wiedersehen«.

Gehen Sie nun wieder zu den Barometern und schauen Sie sie sich gründlich an. Sie wissen ja: Das erste Barometer entspricht Ihrem körperlichen Befinden, das zweite Ihrem emotionalen Zustand, das dritte Ihrer geistigen Klarheit; Barometer Nummer vier zeigt Ihr spirituelles Befinden und Barometer Nummer fünf Ihren Gesamtzustand.

Jetzt ist es an der Zeit, Ihren wunderbaren Ort wieder zu verlassen und zurückzukommen. Atmen Sie ein paarmal tief durch und lassen Sie das Bild und das Gefühl des Platzes langsam verblassen. Nehmen Sie sich Zeit dazu, und wenn Sie bereit sind, öffnen Sie die Augen.

Jetzt sollten Sie sich die Zeit nehmen, Ihre Eindrücke aufzuschreiben.

---------------- ✳ ----------------

Allgemeingültige Erfahrungen

Diese Übung für die Begegnung mit Ihrer Intuition stellt die »Wartungs-Übung« für die erste Woche Ihres Intuitionstrainings dar. Die Reaktion auf diese Übung kann sehr unterschiedlich sein, doch es gibt ein paar Themen, die immer wieder auftauchen.

Die häufigste Frage nach dieser Übung lautet: »Woher weiß ich, daß meine Eindrücke echt oder gültig sind? Es kommt mir vor, als ob ich mir das alles nur ausdenke.«

Die Antwort lautet: Natürlich denken Sie sich das alles aus. Woher sonst sollten diese Eindrücke kommen, wenn nicht aus Ihnen selbst? Es ist *Ihre* Phantasie, *Ihr* Verstand, *Ihre* Intuition. Sie haben zwar das Gefühl, daß Sie sich das alles irgendwie zusammenreimen, aber das heißt noch lange nicht, daß Ihre Eindrücke nicht gültig sind. *Für Sie haben sie Gültigkeit, denn sie kommen aus Ihrem Innersten.*

Beim Erleben dieser Eindrücke gibt es einen feinen Unterschied, der sehr wichtig ist. Manchmal fangen Eindrücke mit dem Gefühl an, daß »ich das jetzt mal dahin stelle und jenes dorthin« – daß man sich also alles zusammenreimt. Doch dann erwacht der Eindruck zu eigenem Leben. Die Bilder gehen auf einmal in eine andere Richtung, oder es passiert etwas Unvorhergesehenes, nicht Geplantes. Für die meisten Menschen ist dies der erste Schritt zur Begegnung mit ihrer Intuition.

Unsere Phantasie funktioniert so ähnlich wie ein elektrisches Kabel. Durch das Kabel wird elektrischer Strom geschickt, und dieser Strom im Kabel baut ein Magnetfeld auf, das wiederum mehr Energie anzieht. Genauso ist es mit unserer Phantasie: Wir lenken Bilder auf ein bestimmtes Ziel hin, und – schwupps – tauchen auch Bilder auf, die wir gar nicht bewußt haben wollten. Die gelenkte, auf ein Ziel gerichtete Phantasie hat eine Art Magnetfeld geschaffen, die auch eine andere Quelle »anzapft«, nämlich unsere Intuition und unser Unbewußtes. Wir möchten, daß unsere Intuition uns zu einer bestimmten Situation etwas mitteilt, und senden eine Botschaft aus. Die Antwort darauf erfolgt vielleicht völlig anders, als wir gedacht haben. Deshalb müssen wir lernen, uns auf die »Sprache« unserer Intuition einzustimmen.

Manche Menschen fangen mit den Übungen an und haben das Gefühl, daß die dabei auftauchenden Eindrücke nicht aus ihrem Verstandesbewußtsein kommen. Auch diese Erfahrung ist stimmig, zeigt sie doch an, daß ihre Intuition bereits in Kontakt mit dem Bewußtsein steht und daß Intuition bereits als gültige Denkweise anerkannt wird. Sie hat ihren Platz und ihre Funktionsweise, ist getrennt vom logischen Denken, steht aber mit ihm in Verbindung.

Andere wiederum haben das Gefühl, daß all ihre Eindrücke von ihrem Bewußtsein geplant und koordiniert werden. Diese Menschen haben die Chance, jetzt mit ihrer Intuition in Verbindung zu treten. Der Schlüssel zum Intuitionstraining ist die Fähigkeit loszulassen, nichts zu versuchen oder zu analysieren und den zum Vorschein kommenden Eindrücken zu vertrauen.

Dumme Intuition?

Es kann auch passieren, daß Sie mit Ihrer Intuition nicht klarkommen. So passierte es zum Beispiel einer meiner Schülerinnen, daß ihre Intuition in Form eines lebendigen Pilzes in ihr Zimmer trat. Ihre erste Reaktion war: »Wie blöd! Was habe ich denn nur für eine komische Intuition?« Und dann stellte sich heraus, daß ihre Intuition meistens als Humor zum Vorschein kam, und wenn sie gar zu ernst wurde, war's auch mit der Intuition vorbei. So wurde das Symbol für ihre Intuition, der lebende Pilz, ihr Freund, von dem sie sicher sein konnte, daß er sie mit seinen Ratschlägen aufmuntern würde.

Beängstigende Intuition?

Ein anderer Schüler hatte ein ziemlich beängstigendes Bild. Seine Intuition zeigte sich ihm als furchterregende Gestalt in einem schwarzen Umhang. Seine erste Reaktion war, aus der Übung auszusteigen, ich redete ihm aber gut zu und riet ihm, mit der schwarzen Gestalt zu sprechen. Nach einer kurzen Unterhaltung fiel der Umhang, und die Gestalt wurde zu einer starken Führerfigur.

Es wurde klar, daß der Schüler Angst vor seiner Intuition hatte, aus dem Gefühl heraus, sie würde ihn zerstören. Doch nachdem er sich seiner Angst gestellt hatte, kam die wahre Natur seiner Intuition zum Vorschein: Sie war ein Führer. Und genau das fürchtete der Schüler – daß durch das Vertrauen in seine Intuition auch seine Führerfähigkeiten zum Vorschein kämen.

Wir haben alle Angst vor dem, was passieren könnte, wenn wir Dinge tun, die von den Menschen, die uns nahestehen, nicht akzeptiert werden. Jeder hat Angst vor Ablehnung, und wir glauben, daß wir in Isolation geraten, wenn wir unserer Intuition folgen. Doch eigentlich haben wir keinen Grund dazu. In Kapitel 3 werden wir uns mit Angst auseinandersetzen. Wenn Sie Ihre Angst die ganze Woche nicht losläßt, beschäftigen Sie sich zunächst mit diesem Kapitel und gehen Sie dann zu Kapitel 1 zurück.

Vereinigung

Die Begegnung mit Ihrer Intuition kann eine sehr intensive Erfahrung sein; Sie spüren, daß Sie etwas sehr Wertvolles wiedergefunden haben, was Sie vorher nicht einmal richtig vermißt haben. Es ist fast wie das Wiedersehen mit einem alten Freund.

Vor allem Menschen, die in jungen Jahren eine starke Verbindung zu ihrer Intuition hatten und dann später aus irgendwelchen Gründen diese Verbindung aufgegeben haben, machen diese Erfahrung.

Wenn Sie nun wieder mit Ihrer Intuition in Verbindung treten, gewinnen Sie auch wieder Zugang zu Gefühlen, die jahrelang zurückliegen. Vielleicht ist die ganze Übung für Sie voller (Kindheits-)Erinnerungen, was eigentlich nur darauf hinweist, daß Ihre Intuition für Sie eine alte Bekannte ist. Nach diesem Wiedersehen dürfte Ihnen der Rest des Trainings sehr viel leichter fallen.

Für andere wiederum ist diese Übung wie das Kennenlernen eines neuen Freundes: Sie fühlen sich womöglich kribblig und den Tränen nahe, verbunden mit dem Gefühl, daß sich in ihrem Inneren eine Tür auftut, das Zeichen dafür, daß sie mit ihrer Intuition in Verbindung treten. Diese vollkommen natürliche und erfüllende Erfahrung teilen sie mit vielen anderen.

Frustration und Rebellion

Für alle, die bei dieser Übung ein komisches Gefühl haben, gilt: Nicht frustrieren lassen! Sie müssen sich nicht zu der Übung zwingen oder sich ganz genau an die Anweisungen halten. Verändern Sie ruhig Ihre Umgebung, stellen Sie Ihre Fragen und lenken Sie die Übung so, daß Sie sich gut dabei fühlen!

Es folgt ein Auszug aus dem Tagebuch einer Schülerin, die eine solche Erfahrung hatte und die für sie passende Lösung fand.

»Ich wußte zwar noch, was auf den ersten beiden Barometern gemessen wurde, der körperliche und der emotionale Zustand. Die anderen hatte ich vergessen und mußte nachschauen – so viel zur geistigen Klarheit!

Ich wollte die Barometer nicht im Zimmer haben, während ich mich wieder auf die Couch legte. Wenn mir klar gewesen wäre, daß wir sie noch einmal brauchten, hätte ich mich wohl besser auf die Fortsetzung der Übung konzentrieren können.

Als ich dann nachschaute, waren alle Barometer gestiegen!

Meine Intuition nahm die Barometer weg, wenn ich das wollte. Sie ist ein wunderschöner Engel, der nie mit mir redet. Sie hat Flügel, in denen sie mich oft hin und her wiegt. Wie schön das ist! Sie ist ganz bestimmt ein Teil von mir – der Teil, der Trost und Nahrung spendet.« Am Anfang mag die Entscheidung, welcher Ansatz für Sie der richtige ist, schwierig sein, doch mit der Zeit und mit Hilfe des Kassettenrecorders wird es einfacher. Sie müssen nicht überlegen, was als nächstes kommt, sondern einfach die Kassette anhören und das tun, was für Sie stimmig ist, mit dem sicheren Wissen, daß die nächste Anweisung in jedem Fall zur Hand ist.

Genießen Sie diese Übung und wiederholen Sie sie beliebig oft. Es folgen mehrere komplementäre und erweiterte Übungen für diese Woche. Zunächst sollten Sie am ersten und/oder zweiten Tag die erste Übung mindestens zweimal praktizieren, danach, vom dritten bis zum siebten Tag, können Sie eine der folgenden Übungen machen, und zwar mindestens einmal täglich.

————————— ✳ —————————

Übung 3
Tägliche Übungen: Die Intuition befragen

1. und 2. Tag: Machen Sie die Übung »Die Begegnung mit Ihrer Intuition«.

3. Tag: Vor dem Beginn der Übung sollten Sie an ein Problem, eine Entscheidung oder eine Situation in Ihrem Leben denken, für die Sie einen Rat von Ihrer Intuition gut gebrauchen könnten, und dies in Ihrem Tagebuch aufschreiben. Wenn Sie dann die oben genannte Übung machen, formulieren Sie die Problemstellung als Frage und geben Ihrer Intuition Zeit und Gelegenheit zu einer Antwort. Wie Sie bereits wissen, ist die Antwort nicht unbedingt verbaler Art, sondern könnte eine bestimmte Handlung, ein Gefühl oder eine Form telepathischer Kommunikation sein.

4. Tag: Bei der Begegnung mit Ihrer Intuition versuchen Sie diesmal, Ihre Intuition zu fühlen oder zu berühren. Auch wenn Sie mit Ihrer Intuition beim ersten Mal als vages Gefühl in Kontakt gekommen sind, sollten Sie jetzt darauf achten, wie sie sich anfühlt, wenn Sie sie (oder auch es oder ihn!) berühren. Wenn Sie den ganzen Tag bei diesem Gefühl bleiben, wird der Kontakt mit Ihrer Intuition noch enger.

5. Tag: Wenn Sie heute zu Ihrem besonderen Ort gehen, um Ihre Intution zu treffen, spielen Sie ein Spiel zusammen. Werfen Sie Ihrer Intuition einen Ball zu und lassen Sie sich den Ball zurückwerfen. Auch wenn Ihre Intuition nur eine Art Präsenz oder ein hauchdünnes Wesen ist, wird sie irgendwie mit Ihnen Ball spielen können, denn sie ist kreativ und schlau. An diesem Tag haben Sie einfach viel Spaß miteinander.

6. Tag: Wenn Sie heute Ihrer Intuition begegnen, bitten Sie sie darum, den ganzen Tag hinter Ihnen zu stehen oder zu sitzen. Wenn Ihre Intuition sehr groß ist, kann sie zu diesem Zweck schrumpfen, ist sie eher schüchtern, kann sie nach vorne kommen. Ist sie nur eine Art Präsenz, kann sie auf Ihrer Schulter sitzen. Sie sollten den ganzen Tag immer daran denken, daß sie da ist; sprechen Sie mit ihr. Fragen Sie sie, wie Sie sich bei einer Arbeit, einem Treffen, beim Autofahren, unterwegs oder wo auch immer verhalten. Hören Sie genau hin, denn Ihre Intuition wird sogar dann zu Ihnen sprechen, wenn Sie sie nicht um Rat gebeten haben.

7. Tag: Heute können Sie mit Ihrer Intuition über etwas sprechen, das Sie belastet: eine persönliche Situation, ein Kollege oder Freund, mit dem Sie Probleme haben, ein Projekt, das Sie nicht zum Abschluß bringen können, oder was auch immer Sie sonst gerade beschäftigt. Lassen Sie Ihre Intuition darüber kommentieren und hören Sie genau hin. Es können Gefühle, Empfindungen auftauchen, es können auch verbale Äußerungen oder Bewegungen sein. Schreiben Sie alles in Ihr Tagebuch.

———————— ✳ ————————

Das Fazit dieser Woche

Inzwischen haben Sie den Grundstein zu einer guten Beziehung zu Ihrer Intuition gelegt. Sie wissen, wie Sie mit ihr (oder ihm!) in Kontakt treten können, und dies gilt auch umgekehrt! Es war übrigens meine Intuition, die mir diese ganzen Übungen eingab!

Vielleicht haben Sie es sogar schon geschafft, Ihrer Intuition zuzuhören und den Wert ihrer Ratschläge zu erkennen. Vielleicht war es Ihnen noch nicht möglich, dem Rat zu folgen. Das ist in Ordnung. Versuchen Sie es einfach weiter. Ihre Intuition wird Sie nicht im Stich lassen. Finden Sie heraus, wovor Sie Angst haben und erkennen Sie, daß Sie immer die Wahl haben. Ihre Intuition ist nur ein Teil von Ihnen. Sie können sie zu Rate ziehen und dann eine Entscheidung treffen.

Für Ihr Leben sind Sie selbst verantwortlich. Die Intuition ist nur eine gute Informationsquelle, ein Ratgeber, den wir »anzapfen« können, wenn wir ihn brauchen, so wie Sie Ihren Anwalt, Ihren Steuerberater oder einen guten Freund konsultieren. Manches von dem, was sie Ihnen sagen, mag stimmen, aber das heißt nicht, daß Sie dies alles auch in die Tat umsetzen. Sie müssen ganz allein eine Entscheidung treffen und das tun, was für Sie stimmig ist.

Kapitel 3
Auf die Intuition hören
2. Woche

Mein erstes, voreiliges Gebot lag bei 165 000 $. Aber irgendwie fühlte
sich das für mich nicht richtig an. Eine andere Zahl tauchte in meinem
Kopf auf: 180 000 $. Damit war ich zufrieden. Sie schien fair zu sein und
fühlte sich für mich richtig an. Deshalb bot ich 180 000 $. Wie sich beim
Öffnen der verschiedenen Gebote herausstellte, war das meinem Gebot
am nächsten liegende 179 800 $. Ich erwarb also die Stevens
Corporations mit einem knappen Vorsprung von 200 $. Zuletzt belief
sich ihr Wert auf 2 Millionen Dollar.
– Conrad Hilton –

Das Programm für diese Woche gehört zu meinen persönlichen
Lieblingsübungen, denn nach dieser Woche hat man greifbare
Ergebnisse und den Beweis, daß die Intuition wirklich da ist und
mit uns kommuniziert.

Diese Woche wird Ihnen nach der intensiven Arbeit der letzten
Woche fast wie eine Pause vorkommen. In der letzten Woche
mußten sie Ihre anfänglichen Zweifel überwinden. Jetzt können Sie
eine persönliche Beziehung zu Ihrer Intuition aufbauen. Es gibt in
dieser Woche nur vier Übungen. Für jede sollten Sie einen Tag
verwenden und dann den Rest der Woche einmal am Tag eine
Übung nach Ihrem Belieben machen.

Die folgenden Übungen zielen darauf ab, Ihre Intuition auf ganz
bestimmte Situationen einzustimmen. Es kann passieren, daß eine
Übung für Sie sehr gut läuft, Ihnen die anderen dagegen nicht so
passend erscheinen. Das ist vollkommen in Ordnung, und Sie
können ruhig mit den Übungen arbeiten, die für Sie stimmig sind
und Erfolg zeigen. In ein paar Wochen, wenn Sie weitere Fortschritte gemacht haben, können Sie gerne noch einmal zurückgehen
und die Übungen ausprobieren, die die ersten Male nicht so gut
waren. Halten Sie alles in Ihrem Tagebuch fest.

---------------- ✳ ----------------

Übung 4
Ja oder Nein

Für diese Übung, die Ihnen auch ein Gespür für Ihren intuitiven Stil gibt (mental, kinästhetisch, emotional), sollten Sie über eine Entscheidung in »Ja«- und »Nein«-Antworten nachdenken.

Setzen Sie sich bequem hin und atmen Sie ein paar Sekunden lang tief durch, um zu entspannen. Lassen Sie alle Störungen des Tages hinter sich. Nach ein paar weiteren tiefen, entspannenden Atemzügen legen Sie die Hände in Ihren Schoß, mit den Handflächen nach oben.

Denken Sie jetzt an die Entscheidung, die Sie treffen müssen. Stellen Sie sich vor, daß Sie in einer Hand das Wort »Ja«, in der anderen das Wort »Nein« halten.

Schauen Sie sich die Buchstaben an, fühlen Sie ihr Gewicht, ihre Beschaffenheit und Struktur. Nun konzentrieren Sie sich auf das Wort »Ja«. Wie fühlt es sich an, was macht es, wie geht es Ihnen dabei? Nehmen Sie sich soviel Zeit, wie Sie wollen, um alle Empfindungen, Visionen und Gefühle, die mit dem Wort »Ja« verbunden sind, zu erforschen. Dann machen Sie das gleiche mit dem Wort »Nein«. Wie fühlt es sich an, was macht es, wie geht es Ihnen dabei? Nehmen Sie sich soviel Zeit, wie Sie wollen, um alle mit dem Wort »Nein« verbundenen Empfindungen, Visionen und Gefühle zu erforschen.

Wenn Sie fertig sind, atmen Sie noch ein paarmal tief durch und denken darüber nach, was Ihnen Ihre Intuition über Ihre Entscheidung mitgeteilt hat.

Wenn Sie bereit sind, können Sie die Augen wieder aufmachen.

Jetzt sollten Sie sich die Zeit nehmen, das Ergebnis in Ihrem Tagebuch festzuhalten.

---------------- ✳ ----------------

Fazit

Beim Analysieren der Ergebnisse dieser Übung haben wir die gleiche Situation wie vorher. Es gibt keine absolut gültigen Richtlinien für die Bedeutung Ihrer Erfahrung. Eine meiner Schülerinnen erlebte das »Nein« als sehr schwer und wußte, daß ihre Intuition ein »Nein« für richtig hielt. Für eine andere Schülerin in der gleichen Klasse war das »Nein«, das ihr ihre Intuition als Antwort eingab, ganz leicht und luftig. Diese Übung gibt Ihnen die Möglichkeit, auf Ihre Intuition zu hören und Informationen von ihr zu bekommen, und Sie »wissen« einfach, was sie Ihnen sagen will. Wenn es keine klare Antwort gibt, ist es wahrscheinlich nicht der richtige Zeitpunkt für eine Entscheidung.

Inzwischen haben Sie wohl erkannt, daß diese Übung eine starke visuelle, kinästhetische oder emotionale Erfahrung für Sie war, wodurch Sie ein besseres Verständnis für die Art Ihrer Intuition entwickeln konnten.

————————— ✳ —————————

Übung 5
Entscheidungswege

Um diese Übung zu praktizieren, denken Sie über eine Entscheidung und über die möglichen Alternativen nach. Am Anfang, wenn Sie mit dieser Übung noch nicht allzu vertraut sind, sollten Sie nicht mehr als vier Alternativen aufzeigen. Schreiben Sie Ihre Entscheidung und/oder Situation in Ihrem Tagebuch nieder und zählen Sie die Alternativen auf. Für die Übung brauchen Sie etwa zehn bis fünfzehn Minuten Ruhe.

Setzen Sie sich bequem hin und schließen Sie die Augen. Atmen Sie tief durch und lösen Sie sich von den Gedanken und Anspannungen des Tages. Stellen Sie sich vor, Sie gehen einen Weg entlang, irgendeinen Weg. Nehmen Sie die Umgebung in sich auf. Welche Jahreszeit, welches Wetter, welche Tageszeit herrscht gerade? Gefällt Ihnen der Spaziergang?

Während Sie weitergehen, gehen Sie noch einmal die Entscheidung beziehungsweise Situation durch, mit der Sie sich gerade auseinandersetzen, und Sie zählen im Kopf auch noch einmal die entsprechende Alternativen auf. Dabei gehen Sie weiter und genießen die Umgebung.

Kurz vor Ihnen teilt sich der Weg in mehrere Wege, und zwar in so viele, wie Sie Alternativen zu Ihrer Entscheidung haben. An der Stelle, wo die einzelnen Wege abzweigen, halten Sie an.

Jeder Weg steht für eine Alternative. Numerieren Sie die Wege durch, so wie es Ihnen paßt. Jede Zahl entspricht einer Alternative.

Nehmen Sie einen tiefen Atemzug und atmen Sie dann ganz langsam aus. Gehen Sie dann langsam einen der Wege entlang.

Wie fühlen Sie sich?

Wo führt Sie der Weg hin?

Wie geht es Ihnen auf diesem Weg?

Fühlt sich der Weg richtig an?

Erkunden Sie diesen Weg, so lange Sie möchten.

Wenn Sie mit Ihrer Erkundung fertig sind, gehen Sie wieder an die Weggabelung zurück und suchen sich den nächsten Weg aus, den Sie genauso erkunden wie den ersten. Fahren Sie fort, bis Sie alle Wege erforscht haben.

Wenn Sie damit fertig sind, holen Sie noch einmal tief Luft und atmen dann langsam aus.

Sobald Sie dazu bereit sind, können Sie die Augen wieder aufmachen und die Ereignisse in Ihrem Tagebuch niederschreiben.

Übung für Fortgeschrittene: Fügen Sie noch einen Weg hinzu, der keine klare Wahl darstellt und unbekannt ist. Er steht für eine Alternative, die Ihnen noch nicht eingefallen ist.

————————— ✳ —————————

Die Interpretation der Ergebnisse

Diese Übung mache ich und viele meiner Schüler nun schon automatisch. Ich brauche dazu nur drei Minuten. Jede Entscheidung, die ich treffen muß, geht zu allererst an meine Intuition. Ich stelle mir einen Weg vor und gehe darauf entlang. Wie fühlt er sich an? Fühlt er sich richtig an? Oder fühle ich mich dabei unwohl? Wenn ich mich total unwohl fühle, treffe ich diese Entscheidung nicht.

Manchmal weiß ich sofort, daß für mich etwas nicht stimmt, und ich kann »Nein« sagen. Manchmal ist es weder »Ja« noch »Nein«, eher ein etwas unklares »Jein«. Dann unternehme ich gar nichts, weil es nicht der richtige Zeitpunkt für eine Entscheidung ist. Richtige Intuition hängt eigentlich vom richtigen »Timing« ab. Wenn wir uns früh auf etwas einlassen, könnten wir eine Chance verpassen oder uns mehr Probleme schaffen, als wirklich nötig sind.

Beispiele

Welcher Pfad der richtige ist, ist ein persönliches Gefühl. Eine meiner Studentinnen machte diese Übung zum Beispiel, um eine Karriere-Entscheidung zu treffen. Ein Weg war ein gerader, breiter Highway, ein anderer ein felsiger Bergkletterpfad.

Sie wußte, daß der Kletterpfad für sie der richtige war, weil sie eine Herausforderung brauchte. Sie wollte keinen einfachen Weg, sondern eine Herausforderung, die sie nach oben, an die Spitze führte, auch wenn ihr – vor allem nach dieser Übung – klar war, daß es nicht einfach sein würde.

Ein anderer Schüler wiederum wählte den geraden, einfachen Weg, weil es für ihn anstand, einmal etwas Einfaches zu tun, anstatt sich das Leben immer schwer zu machen.

Ein dritter Schüler interpretierte den Kletterpfad folgendermaßen:

»Um mich herum ist ein schöner, üppiger grüner Wald. Mein Weg gabelt sich in drei sehr unterschiedliche Pfade. Der erste Pfad ist solider Fels und steigt stetig an. Er scheint keine Tücken zu haben und ist eher langweilig, so als ob man Schritt für Schritt eine nicht enden wollende Treppe hinaufsteigt.

Der zweite Pfad ist die Fortführung des ersten, aber er wird sehr breit. Auf beiden Seiten sehe ich das Grün, aber es ist sehr weit weg. Der Weg ist sehr trocken und staubig. Ich fühle mich zwar nicht einsam, aber mein Kopf sagt mir, daß ich wohl einsam sein muß.

Der dritte Pfad ist eigentlich unpassierbar. Knorrige Ranken und verkrüppelte Bäume blockieren den Weg.

Ich habe das Gefühl, daß die Wege meinen Alternativen entsprechen. Ich muß entscheiden, ob ich mit jemandem eine geschäftliche

Partnerschaft eingehe. Pfad Nummer eins bedeutet: »Laß dich nicht auf die Partnerschaft ein.« Pfad Nummer zwei heißt: »Laß dich in gewissen Grenzen darauf ein.« Und Pfad Nummer drei bedeutet: »Laß dich ganz darauf ein.« Ich fügte noch einen vierten Pfad hinzu: »Mach das Geschäft alleine.«

Dieser vierte alternative Weg sah aus wie ein steiler Kletterpfad. Ich schwitze und bin müde, aber als ich die Spitze erreiche, fühle ich mich wie neu geboren, ein Hochgefühl wie nach einer körperlichen Anstrengung.«

Diese Bilder öffnen uns die Tür zum Verständnis von Situationen. Für jeden basieren die Entscheidungen auf dem, was für ihn funktioniert, und nicht, was für jemand anderen funktionieren könnte. Jeder muß nach wie vor seine Entscheidungen selbst treffen. Doch vorher sollten wir unsere Intuition und alle anderen verfügbaren Informationsquellen zu Rate ziehen.

✽

Übung 6
Die Körperintuition spüren

Für diese Übung suchen Sie sich das nächste Problem, eine bestimmte Situation oder Entscheidung aus, für die Sie einen Rat von Ihrer Intuition gebrauchen könnten. Beschreiben Sie die Situation so einfach wie möglich in Ihrem Tagebuch. Bei dieser Übung wird Schritt für Schritt vorgegangen. Lesen Sie sich zunächst alle einzelnen Schritte durch und fangen Sie erst dann damit an.

1. Denken Sie an ein Problem oder eine Situation, für die ein Rat von Ihrer Intuition von Nutzen sein könnte.

2. Schließen Sie nun die Augen. Anstatt an die Situation zu denken, fühlen Sie sie. Oder anders ausgedrückt: Wo in Ihrem Körper würden Sie die Situation fühlen, wenn Sie sie fühlen könnten? Falls Sie sie an mehreren Stellen spüren, konzentrieren Sie sich auf die Stelle, wo Sie sie zuerst oder am stärksten spüren.

3. Finden Sie nun heraus, wie sich die Empfindung anfühlt.

4. Was würde dieses Gefühl sagen, wenn es sprechen könnte?

5. *Was möchte Ihnen dieses Gefühl über Ihre Situation mitteilen?*

6. *Was könnten Sie unternehmen, um dieses Gefühl zu lindern?*

7. *Danken Sie Ihrer Intuition.*

Schreiben Sie alle Informationen in Ihr Tagebuch.

———————— ✳ ————————

Mit Hilfe dieser Übung können Sie sich auf die intuitiven Informationen, die in Ihrem Körper gespeichert sind, einstimmen. Wie ich bereits in der Einführung erklärt habe, sind körperliche Empfindungen eine Möglichkeit der Intuition. Mit dieser Übung haben Sie einen Schlüssel zu dieser Quelle in der Hand.

Für kinästhetisch Intuitive wird diese Übung wahrscheinlich die Lieblingsübung werden. Sie haben tatsächlich körperliche Empfindungen. Für emotional oder mental intuitive Menschen funktionieren die Übungen zwar auch, aber ein wenig anders als für Kinästheten.

Emotional Intuitive spüren Emotionen, die ihren Sitz in bestimmten Stellen des Körpers haben. Mental Intuitive denken sich durch die Übung die Stellen aus, wo sie körperlich die Situation spüren könnten.

Der Wert praktischen Übens

Anfangs finden Sie die Übung vielleicht dumm und fühlen sich dabei unwohl. Bitte probieren Sie es trotzdem weiter. Nach einiger Zeit sind Sie so darauf eingestimmt, was Ihnen Ihre Körperintuition sagen will, daß Sie nicht einmal mehr Fragen stellen oder mit der Übung anfangen müssen. Sie wissen dann automatisch, wie Sie sich bei einer bestimmten Sache *intuitiv* fühlen. Im nächsten Kapitel gehen wir näher auf den Unterschied zwischen *emotionalen* und *intuitiven* Gefühlen ein.

Beispiele

Kennen Sie das? Sie haben ein komisches Gefühl wegen irgend etwas und wissen nicht so genau, warum? Später, in der entsprechenden Situation, wird Ihnen klar, warum Sie sich unwohl fühlten.

Mir passierte es einmal, daß mein Mann mit mir in ein bestimmtes Geschäft gehen wollte. Ich hatte ein komisches Gefühl, es fühlte sich für mich nicht richtig an, aber ich ignorierte es, weil es ja normalerweise Spaß macht, zusammen einkaufen zu gehen. Es stellte sich heraus, daß das Geschäft aus einem bestimmten Grund geschlossen war, und wir hatten einfach nicht daran gedacht. Das war natürlich nicht so schlimm, aber mir wurde wieder einmal bewußt, daß ich immer auf meine Intuition hören und mir Gedanken darüber machen sollte.

Ein anderes Beispiel: Eine Frau hatte in ihren Fingern eine ungewohnte Empfindung. Sie wollte wissen, was sie nun, da ihre Kinder erwachsen waren und sie mehr Zeit hatte, mit ihrem Leben anfangen sollte. Das Kribbeln in ihren Fingern zeigte ihr, daß sie Lust hatte, mit Ton zu arbeiten. Obwohl sie schon immer gut mit den Händen arbeiten konnte, war ihr das vorher nie in den Sinn gekommen. Nun probierte sie es aus, und es erwies sich als idealer Ausdruck ihrer Kreativität.

Wie kam sie nun von den kribbeligen Fingern zum Töpfern? Das ist Teil der intuitiven Magie. Der Gedanke an die Töpferei kam aus ihrem Innern. Eine logische Verbindung gibt es hier nicht. Kribbelnde Finger können für jeden etwas anderes bedeuten. Doch in ihrem Fall dienten sie dazu, ihr intuitives Wissen ins Bewußtsein zu holen.

Ich habe auch erlebt, wie Schüler ihre intuitiven Auslöser falsch interpretieren. So hätte es durchaus auch sein können, daß diese Frau mit der Töpferei eine Enttäuschung erlebte, weil sie vielleicht eigentlich einen Artikel hätte schreiben sollen, um ihre kreative Energie freizusetzen.

Deshalb ist es wichtig, in Ihrem Tagebuch immer Ihr *anfängliches Gefühl, Bild, Empfindung zu beschreiben, ohne es zu analysieren*. Erst danach sollten Sie Ihre Analyse niederschreiben. So können Sie später immer zurückgehen und herausfinden, ob die Analyse tatsächlich der Bedeutung des ursprünglichen Eindrucks entsprach.

Eine andere Schülerin wollte für zwei Wochen mit ihrer Familie nach Übersee verreisen. Ein paar Wochen vor der geplanten Abreise hatte sie bei dem Gedanken an den Flug ein sehr ungutes Gefühl. Die Verbindung zu ihrer Intuition war stark genug, um ihr zu sagen, daß etwas passieren würde, aber sie wußte auch intuitiv, daß sie abwarten mußte, bis ihre Gefühle beziehungsweise die Botschaft dahinter klarer waren.

In diesem Zustand der Unsicherheit entwickelte sie eine unglaubliche Menge Energie. Eine Woche vor der geplanten Abreise fing sie bereits an zu packen, das Haus aufzuräumen und liegengebliebene Korrespondenz zu erledigen.

Am Nachmittag vor dem Flug kam ein Anruf vom Flughafen. Ihr Flug war gestrichen worden, und wenn sie mitfliegen wollten, mußten sie bereits um Mitternacht des gleichen Tages fliegen. Zwei Stunden vor dem Abflug sollten sie am Flughafen sein, und sie würden mindestens eineinhalb Stunden dafür brauchen, wenn nicht zuviel Verkehr war.

Da sie alles bereits fix und fertig gepackt hatten, war es für sie und ihre Familie kein Problem, rechtzeitig am Flughafen zu sein.

In diesem Fall war nur ein ungutes Gefühl da, keine Analyse des Gefühls. Aber dieses Gefühl half der Frau, die richtigen Schritte zu unternehmen, obwohl sie erst sehr viel später, als es tatsächlich passierte, den Sinn dahinter verstand.

Vom Bekannten zum Unbekannten

Das Schwierigste an dieser Übung ist der Schritt von 1 zu 2. Gewöhnlich schreiten wir nicht vom Denken zum Fühlen, und deshalb mag es ein bißchen länger dauern. Vielleicht meinen Sie, daß Sie sich das Gefühl nur vorstellen; aber auch das ist völlig in Ordnung.

Irgendwie stellen Sie sich das Gefühl ja auch vor, deshalb fangen Sie an diesem Punkt an und gehen dann weiter. Machen Sie mit der Übung weiter, auch wenn Sie meinen, Sie bilden sich das Gefühl nur ein; nehmen Sie sie einfach als Experiment. Falls Sie sich wirklich alles nur »einbilden«, wird das später klar werden; und wenn es sich tatsächlich um Ihre Intuition handelt, werden Sie auch dies später erkennen. Jetzt führen Sie einfach die Übungen aus; um die Ergebnisse können Sie sich später Sorgen machen.

Keine Schlüsse ziehen

Ein Teil unseres Kopfes möchte immer gleich Schlußfolgerungen ziehen; das untergräbt den Wert der Intuition. Wenn man es einmal näher betrachtet, ist es nicht sehr wissenschaftlich, intuitive Informationen abzulehnen, ohne sie ausprobiert zu haben. Es ist sinnlos, Schlüsse zu ziehen, ohne vorher das Territorium erforscht zu haben. Deshalb sollten Sie sich eine Chance geben. Sehen Sie, wie Sie die Informationen beurteilen und machen Sie trotzdem mit der Übung weiter. Schreiben Sie Ihre Ergebnisse auf – und dann warten Sie einfach ab!

Für einen meiner Schüler machte sich sein kinästhetisches Gespür als klopfender Kopfschmerz bemerkbar. Er mußte sich entscheiden, ob er eine neue Management-Position akzeptieren oder seinen gegenwärtigen Job als Werbetexter weitermachen wollte.

Sein Kopfweh sagte ihm, daß ihm sein jetziger kreativer Job eigentlich ganz gut gefiel. Der Wechsel ins Management hätte für ihn viel mehr Pflichten bedeutet. Er hätte natürlich gerne mehr Geld verdient, aber bei dem Gedanken an die Geschäftsführungstätigkeit und die entsprechenden Verpflichtungen hatte er ein ungutes Gefühl. Seine Intuition sagte ihm, daß ihm eine Arbeit, bei der er andere Leute führen mußte, nicht gefallen würde.

Was konnte er unternehmen, um sein Kopfweh zu beseitigen? Er sprach mit seinem Chef, um herauszufinden, ob er eventuell mehr Projekte übernehmen könnte, um eine Gehaltserhöhung zu erhalten, ohne deswegen Führungsaufgaben übernehmen zu müssen. Und siehe da: Es klappte!

Wieder war es die körperliche Empfindung, die seinem Bewußtsein die intuitive Information übermittelte.

Der Körper ist schlau

Unser Körper hält eine Menge Informationen für uns bereit. Jedes Gefühl, jeder Gedanke und Impuls, seien sie noch so vage und subtil, wird in der neuromuskulären Struktur registriert. Der Körper braucht dafür weder Worte noch Gedanken; auch wenn unser Bewußtsein also nicht erfaßt, was wir registrieren oder fühlen, unser Körper weiß dennoch Bescheid. Mit Hilfe der folgenden Übung gewinnen wir Zugang zu intuitiver Information, weil sie uns mit der Zeit empfänglich macht für das, was unser Körper in bezug auf eine bestimmte Situation registriert hat.

---- ✱ ----

Übung 7
Sich auf zukünftige Ereignisse vorbereiten

Diese Übung können Sie bei bevorstehenden wichtigen Ereignissen anwenden, zum Beispiel bei einem Treffen, einem Interview, einem Vorstellungsgespräch.

Falls bei Ihnen in nächster Zukunft keine wichtigen Ereignisse vor der Tür stehen, machen Sie die Übung einfach bei weniger wichtigen kleinen Ereignissen. Vor der Übung sollten Sie sich das ins Gedächtnis zurückrufen, was Sie über dieses Ereignis bereits wissen: Wann und wo findet es statt? Wer außer Ihnen ist dabei? Schreiben Sie diese Informationen in Ihr Tagebuch.

Bei der Übung können Ihnen die folgenden Tips helfen: *Seien Sie für allgemeine Empfindungen offen.* Da wir über die Zukunft reden, werden einige unter Ihnen nur allgemeine Empfindungen spüren, andere dagegen werden ganz spezielle Details erfassen. Konzentrieren Sie sich auf die wichtigsten Gefühle, Stimmungen und Erfahrungen. Einzelheiten, zum Beispiel wie das Zimmer oder die Kleidung einer bestimmten Person aussieht, sind höchstwahrscheinlich unwichtig.

Konzentrieren Sie sich auf das, was Sie erreichen wollen. Hierbei ist wichtig, was Ihnen passiert, wie Sie sich dabei fühlen und wie Sie es erreichen können. Bleiben Sie sich Ihrer Einstellung während des Ereignisses bewußt und beobachten Sie sich.

Setzen Sie sich bequem hin; Sie brauchen ungefähr 20 Minuten Zeit für die Übung. Schließen Sie die Augen und atmen Sie tief ein und dann vollständig aus. Wenn Sie aufmerksam und voll da sind, dabei ganz entspannt, gehen Sie an den Platz, wo Sie Ihre Intuition zum ersten Mal getroffen haben.

Nehmen Sie sich ein paar Augenblicke Zeit, bis Sie sich dort wohl fühlen. Hat sich etwas an dem Ort verändert? Möchten Sie etwas daran ändern? Sie können alles tun, damit Sie hier wirklich zufrieden sind.

Sie brauchen nun einen mannshohen Spiegel. Stellen Sie ihn irgendwohin, notfalls in einen Schrank, wenn Sie die Raumaufteilung nicht beeinträchtigen wollen. Aber vergessen Sie nicht, wo er ist und wie Sie an ihn herankommen. Außerdem brauchen Sie eine Tür oder eine Öffnung, die zu einem anderen Ort führt, und zwar nicht auf dem Weg, auf dem Sie diese Umgebung betreten haben. Achten Sie darauf, wo diese Tür beziehungsweise Öffnung ist.

Nun gehen Sie auf diese neue Öffnung beziehungsweise Tür zu, und Sie wissen, daß auf der anderen Seite das zukünftige Ereignis, auf das Sie sich vorbereiten, zu finden ist.

Vor der Tür halten Sie an, atmen tief ein und dann vollständig aus. Dann öffnen Sie die Tür und gehen in das zukünftige Ereignis hinein.

Bleiben Sie dort, so lange Sie wollen. Beobachten Sie und erleben Sie, was passiert. Fragen Sie sich: »Wer ist hier? Was geschieht? Wird dies das Richtige für mich sein?«

Wenn Sie damit fertig sind, gehen Sie zurück an Ihren Hauptort. Gehen Sie zu dem mannshohen Spiegel. Es ist kein gewöhnlicher Spiegel, wie Sie wissen, denn er hat die Fähigkeit, Ihr intuitives Wissen zu reflektieren.

Fragen Sie den Spiegel, wie Sie das Ereignis zu Ihren Gunsten verändern könnten und greifen Sie dabei auf die gerade erworbenen Informationen zurück. Achten Sie genau auf das, was der Spiegel Ihnen reflektiert. Es können Worte sein, aber auch körperliche Gefühle oder telepathische Eingebungen.

Verlassen Sie nun diesen Ort und nehmen Sie sich Zeit, wieder in die Wirklichkeit zurückzukommen. Atmen Sie tief und öffnen Sie dann die Augen. Nun können Sie alles niederschreiben.

Die Ergebnisse verstehen

Beim ersten Mal haben viele ein vages Empfinden oder Gefühl von dem, was da vielleicht passiert. Manche wissen nicht genau, ob sie das sehen, was sie gerne sehen möchten, oder etwas, vor dem sie Angst haben. Schreiben Sie solche Empfindungen in Ihr Tagebuch und warten Sie auf das Ereignis.

Um die Intuition richtig einschätzen zu können, ist es das beste, Erfahrungen niederzuschreiben und mit dem zu vergleichen, was dann tatsächlich passiert. Sie mögen erstaunt sein, wie zutreffend Ihre Intuition war oder wie gewisse Bilder oder Gefühle, die Ihnen während der Übung nicht so ganz klar waren, nach dem Ereignis auf einmal einen Sinn ergeben. Das ist ganz normal, und wenn Sie die Übung eine Zeitlang gemacht haben, werden Sie ein besseres Verständnis von dem, was Ihre Intuition Ihnen mitteilt, gewinnen.

Beispiele

Manche meiner Schüler erzielten bereits beim ersten Mal bei dieser Übung erstaunliche Ergebnisse. Eine Frau berichtete, daß sie damals für eine Werbezeitschrift arbeitete und auf der Suche nach einem anderen Job war. Vor einem Bewerbungsgespräch machte sie die oben beschriebene Übung.

Während der Übung, im zukünftigen Ereignis, erlebte sie, wie das Gespräch eher schlecht verlief. Sie befand sich im Büro ihres potentiellen Chefs, und sie wurden mehrere Male durch Anrufe und Besucher unterbrochen. Sie hatte das Gefühl, daß sie und ihr Chef in spe keinen »Draht« zueinander entwickeln konnten. Nach der Übung fühlte sie sich ziemlich mutlos.

Dann ging sie zu dem Spiegel, und der Spiegel erklärte ihr, wie sie die Situation zu ihren Gunsten wenden konnte. Er empfahl ihr, ihren Gesprächspartner zum Mittagessen einzuladen, ein bestimmtes Kostüm zu tragen und mehr Geld zu verlangen, als sie bis dahin vorhatte. Sie befolgte diese Ratschläge ihrer Intuition, und sie bekam den Job – für das Gehalt, das sie gefordert hatte.

Einer anderen Schülerin, Verwaltungsangestellte in einem Krankenhaus, stand gerade eine Buchprüfung ins Haus, und sie und ihr

Team forsteten alte Akten durch, um sich mit den alten Daten vertraut zu machen. Bei der Übung, wo sie dieses Ereignis benutzte, erlebte sie, wie die Buchprüfer nur aktuelle, offenkundige Informationen wollten.

Sie erkannte, daß sie auf die einfachen, selbstverständlichen Fragen nicht vorbereitet sein würde, wenn sie sich weiterhin mit der Vergangenheit beschäftigte. Also wies sie ihr Personal entsprechend an, und die Buchprüfung verlief genau so, wie ihre Intuition ihr gezeigt hatte.

In beiden genannten Fällen war die Sprache der Intuition ganz klar und direkt. Bei Ihnen ist es vielleicht nicht ganz so klar. Bei Anfängern zeigt sich die Information in dieser Übung meist als vages Gefühl oder als Empfindung, vielleicht auch in Bildern. Lassen Sie sich dadurch nicht entmutigen. Am besten schreiben Sie alls auf und »brüten« ein paar Tage darüber. Nehmen Sie danach Ihre Aufzeichnungen noch einmal in die Hand. Was lösen sie in Ihnen aus? Die Botschaft wird Ihnen rechtzeitig klar werden.

Gesunder Menschenverstand oder Intuition?

Handelt es sich bei den obigen Beispielen einfach um gesunden Menschenverstand oder tatsächlich um Intuition? Die Lösungen hören sich nach ersterem an, aber dennoch waren sie den betroffenen Frauen nicht von alleine eingefallen. Manchmal bringt uns unsere Intuition wieder zum Offensichtlichen zurück, das unnötig verkompliziert wurde. Selbst wenn »nur« dies der Fall sein sollte, ist es eine wertvolle Hilfeleistung.

»Vielleicht«, sagen die Skeptiker unter Ihnen, »ist der ausschlaggebende Aspekt nur die Tatsache, daß man sich Zeit zum Nachdenken nimmt.« Aber selbst wenn das Intuitionstraining uns nur dazu bringt, uns die Zeit zu nehmen, die wir brauchen, ist es für uns ungeheuer wertvoll.

Ich könnte noch viele Geschichten erzählen, unter anderem meine eigene, aber jetzt sind Sie selbst an der Reihe. Diese Übung ist vielleicht die schwierigste in dieser Woche, vermutlich deshalb, weil viele Menschen glauben, daß es nicht recht ist, über die Zukunft Bescheid zu wissen.

Schummeln?

Manche Leute haben das Gefühl, sie würden schummeln, wenn sie sich so vorbereiten. Ich habe die Erfahrung gemacht, daß fast alle wirklich erfolgreichen Menschen sich auf das vorbereiten, was passieren oder nicht passieren könnte. Egal, ob sie ihre Intuition sprechen lassen oder einfach aus Gewohnheit für alles gewappnet sind – es ist ein Schlüssel zum Erfolg, das vorherzusehen, was ein anderer fragen oder tun könnte oder möchte, und darauf vorbereitet zu sein.

Das Hören auf die Intuition ist eine Fähigkeit, die wir entwickeln können, und sie ist genauso wichtig wie die Fähigkeit, Zeit und Gedanken zu organisieren. Wir hatten jede Menge Gelegenheit zu lernen, unsere Gedanken zu organisieren. Jetzt ist es an der Zeit, auch unsere intuitiven Fähigkeiten auszubilden.

Wenn Sie jede dieser Übungen einmal gemacht haben, können Sie den Rest der Woche diejenigen wiederholen, die für Sie am besten waren. Bitte schreiben Sie unbedingt die Ergebnisse auf, denn es kann ja eine Weile dauern, bis das zukünftige Ereignis tatsächlich passiert. Dann werden Sie froh sein, wenn Sie Ihre Aufzeichnungen zur Hand nehmen und Vergleiche ziehen können.

II
»Macken erkennen«

Kapitel 4
Ängste verstehen
3. Woche

Das einzige, wovor man Angst haben muß, ist Angst.
– Franklin D. Roosevelt –

Mittlerweile haben Sie erlebt, wie vorteilhaft es für Sie ist, auf Ihre Intuition zu hören. Jetzt können wir einen Schritt weiter gehen und uns mit dem auseinandersetzen, was Ihnen das Vertrauen in Ihre Intuition so schwer macht: Ihre Angst.

Wir alle erleben Angst in unserem Leben. Angst scheint ein Teil der menschlichen Natur zu sein. Ich möchte hier keine Abhandlung über die Angst schreiben, sondern nur darauf eingehen, wie Angst die Intuition beeinflussen kann.

Sich von der Angst nicht mehr aufhalten lassen

Wir wollen die Angst nicht abschaffen, sondern sie entschärfen. Sie sollten nicht aus Angst Dinge unterlassen, die für Sie wichtig sind. Und Sie sollten auf keinen Fall aus Angst die Stimme Ihrer Intuition ignorieren.

Mit Angst meine ich nicht das Wissen um Gefahr. Selbstverständlich sind Sie gut beraten, jeglicher Gefahr aus dem Weg zu gehen! Ich spreche hier von den Ängsten, die einem immer wieder im Weg stehen und Knüppel zwischen die Beine werfen.

Angst steht dem Erfolg im Weg

Ein Beispiel: Sie wissen, daß eigentlich eine Gehaltserhöhung anstehen würde, bringen es aber aus Angst nicht fertig, das Thema auf den Tisch zu bringen. Diese Art Angst ist eine Angst vor der eigenen Intuition. Irgendwie wissen Sie, daß diese Intuition berechtigt ist: Kollegen in ähnlicher Stellung haben ihre Gehaltserhöhung bereits bekommen; Sie arbeiten schon seit geraumer Zeit in der

Firma und so fort. Und dennoch haben Sie kein Vertrauen zu sich und befürchten, daß etwas schiefläuft. Deshalb halten Sie sich zurück und sind dabei ziemlich unzufrieden.

Eine solche Angst baut eine Barriere zwischen Ihnen und Ihrer Intuition auf. Wenn Sie Ihrer Angst nachgeben, wird sie immer stärker und taucht automatisch immer dann auf, wenn Sie einmal etwas ein bißchen anders machen wollen als gewöhnlich. Jeder von uns hat solche Ängste in sich, und manchmal müssen wir ein wenig Druck ausüben, um diese »Angstbarriere« zu durchbrechen. Sie wissen, daß Mut *nicht die Abwesenheit von Angst ist*, sondern die Fähigkeit, *trotz dieser Angst zu handeln*. Und zum Überwinden der Angstbarriere gehört eine ganze Menge Mut.

Angst blockiert die Intuition

Manche Menschen haben stets vor den gleichen Dingen Angst, vor dem Fliegen, vor dem Schwimmen, vor dem Autofahren.

Solche Ängste kann man sich als Mauern vorstellen, die die ganze Zeit verhindern, daß unsere Intuition auf einem ganz bestimmten, von Angst besetzten Gebiet funktioniert. Haben Sie zum Beispiel immer Angst vor dem Fliegen? Dann werden Sie nie wissen, wann Ihre Intuition eine Flugreise für gut hält und wann nicht. Ihre automatische Reaktion ist: »Nein, es ist nicht sicher genug.« Vor allem in der anfänglichen Entwicklungsphase ist die Intuition dieser starken Reaktion nicht gewachsen. Sicher kennen Sie alle ähnliche, wenn auch vielleicht weniger extrem gelagerte Fälle.

Sehr verbreitet ist die Angst davor, anderen unsere Gefühle mitzuteilen. Wir befürchten, nicht mehr geliebt oder zurückgewiesen zu werden, wenn wir unsere wahren Gefühle zeigen, und dann nicht das zu bekommen, was wir gerne möchten. Wegen dieser Angst hören wir nicht auf unsere Intuition, die uns rät, um etwas zu bitten, uns etwas von der Seele zu reden oder auch »Nein« zu sagen, wenn wir etwas tun sollen, was wir eigentlich nicht wollen.

Um diese Angst zu überwinden, ist immer psychologisches Verständnis uns selbst und unserem Verhalten gegenüber vonnöten sowie die Bereitschaft, unsere Ängste zu verstehen und sie in Schach zu halten.

Manche Ängste haben mit unserem kulturellen Hintergrund und den entsprechenden Verhaltensweisen zu tun. Lassen wir solche Ängste los, heißt das nicht, daß wir Familienwerte ablehnen, sondern daß sie unserer Intuition nicht mehr im Wege stehen.

Oft hat Angst etwas mit lange zurückliegenden Erfahrungen zu tun. Diese Erfahrungen sind uns nicht mehr bewußt, aber die Angst ist immer noch da und beeinflußt unser Verhalten.

Dieses Buch ersetzt selbstverständlich nicht professionelle Hilfe im Falle von sehr starken Ängsten oder Phobien, da diese eine tiefergehende Auseinandersetzung erfordern.

Intuition als Warnung vor Gefahren

Manche Leserin und mancher Leser fragt sich an dieser Stelle vielleicht: »Aber gibt es nicht tatsächlich Dinge, vor denen man Angst haben sollte? Und warnt uns unsere Intuition nicht davor? Ist es nicht naiv und sogar gefährlich, unsere Ängste einfach zu ignorieren?« Eine gute Frage! Jawohl, unsere Intuition will uns von der Gefahr wegführen, *aber nicht mit Angst.*

Intuition ist neutral. Sie gibt uns vielleicht die Botschaft, daß wir heute lieber nicht zum Einkaufen gehen sollten, aber ihre Stimme ist neutral, nicht angst- oder emotionsgeladen. Das erste Gefühl ist neutral, auch wenn wir dann vielleicht mit Nervosität, Angst oder Erregung reagieren. Neutral heißt einfach, daß die Botschaft nur eine Aussage beziehungsweise ein Gefühl über eine Tatsache ist.

Sich selbst erkennen

Nun ein Aspekt der Intuition, bei dem es nützlich ist, sich selbst zu kennen. Ich weiß beispielsweise, daß ich ein »Macher« bin. Ich beschäftige mich lieber, als untätig zu warten. Und doch tue ich manchmal nicht das, von dem ich intellektuell weiß, daß es richtig wäre. Meine Erfahrung hat mich gelehrt, diesem Gespür zu vertrauen und erst dann etwas zu unternehmen, wenn es »paßt«. Wäre ich dagegen eher einer von den Menschen, die immer alles erst in letzter Minute tun, könnte ich mich auf dieses Gefühl nicht verlassen. In diesem Fall müßte ich wohl lernen, sofort etwas zu unternehmen.

Eine meiner Schülerinnen übte die ganze Woche, nur das zu tun, was sich richtig anfühlte, nichts anderes. Ein Freund sprach ihr auf den Anrufbeantworter und bat sie um ein paar Auskünfte. Sie rief ihn nicht gleich an, wie sie das normalerweise getan hätte, sondern erst dann, als es für sie stimmig war. Und es stellte sich heraus, daß es für ihren Freund die beste Zeit war. Sie war sehr erstaunt.

Das Wissen über uns selbst macht diese feinen Unterschiede für uns sichtbar. Im eben geschilderten Fall mußte die Frau unterscheiden zwischen dem unguten Gefühl, das von ihrem Persönlichkeitsmuster, sich immer sofort um alles zu kümmern, herrührte, und ihrem intuitiven Gefühl für den richtigen Zeitpunkt des Anrufs. Der Wunsch anzurufen kündigte sich nicht mit großem Trara an – es war nur ein Impuls, den Hörer zu nehmen und zu wählen. Intuitive Information ist neutral.

Vorahnungen

Hier geht es beispielsweise um Träume von einem geliebten Menschen, der im Sterben liegt. Im Traum ist es für uns eine Tatsache, daß etwas passiert ist: Unsere Großmutter ist gestorben. Dann reagieren wir emotional, fühlen den Verlust des geliebten Menschen. Doch an erster Stelle stand einfach die Tatsache des Todes.

Dies ist ein ziemlich intensives Beispiel, doch in abgeschwächter Form ist diese Erfahrung vielen Menschen vertraut. Solange wir unsere Intuition noch nicht bewußt entwickeln, kann sie meist nur durch gewichtige Ereignisse in unser Bewußtsein dringen. Sobald wir gelernt haben, genau hinzuhören, sind die Themen nicht mehr unbedingt so beängstigend und schockierend.

Viele meiner Schüler hatten ähnliche Träume und Vorahnungen. Deshalb fanden sie, daß die Entwicklung ihrer Intuition für sie zu beängstigend war. Sie wollten eine Fähigkeit, die sie mit so starken Gefühlen assoziierten, nicht noch weiter entwickeln. Gleichzeitig hatten sie jedoch keine Kontrolle über ihre Eindrücke.

Mit Hilfe des Intuitionstrainings war es ihnen möglich, ihre Intuition zu kontrollieren und sich eine größere Themenbreite zu erschließen, so daß die starken dramatischen Eindrücke schließlich nicht mehr den Großteil ihres intuitiven Erlebens ausmachten.

Kernübung für diese Woche

Für diese Übung nehmen Sie am besten eine aktuelle Situation oder eine immer wiederkehrende Situation, die bei Ihnen Angst auslöst. Mit Hilfe der Übung sollen Sie das erforschen, was Angst oder Zweifel verursacht. Denken Sie deshalb an etwas, das Ihnen Angst einjagt, eine Angst, die Sie gerne in den Griff bekommen möchten, damit Sie nicht davon kontrolliert werden. Beschreiben Sie diese Angst kurz in Ihrem Tagebuch. Für die Übung selbst brauchen Sie circa 30–40 Minuten. Sanfte, unaufdringliche Musik ist dabei hilfreich.

---------------- ✳ ----------------

Übung 8
Ängste loslassen

Machen Sie es sich bequem und schließen Sie die Augen. Atmen Sie tief ein und stellen Sie sich dabei vor, daß Sie glitzernde, leuchtende Energie einatmen.

Diese leuchtende Energie in Ihrem Körper löst alle Spannungen, Störungen und die Gedanken des Tages auf. Spüren Sie beim Ausatmen, wie diese Spannungen, Ablenkungen und Gedanken Ihren Körper verlassen. Atmen Sie noch mehr von dieser leuchtenden Energie ein und bauen Sie weitere Spannungen ab.

Nun stellen Sie sich vor, daß Sie an einem Strand spazierengehen. Spüren Sie den Sand unter den Füßen und die entspannende Sonne über Ihnen. Lassen Sie los und genießen Sie die Schönheit um Sie herum. Sie hören das Geräusch der Wellen, vielleicht fliegen auch Vögel herum. Auch den Geruch des Strandes nehmen Sie wahr. Lassen Sie sich Zeit, sich ganz dort zu fühlen, und genießen Sie die ruhige Schönheit des Meeres.

Am Strand liegt eine Decke für Sie. Sie gehen darauf zu und setzen sich bequem nieder. Schauen Sie aufs Meer hinaus und lauschen Sie dem Rhythmus der Wellen. Dann denken Sie an etwas, das Ihnen Angst einjagt: ein Problem, das Ihnen gerade zu schaffen macht, oder auch etwas Allgemeines. Machen Sie es sich ganz bewußt.

Bleiben Sie dabei in Ihrem Körper und spüren Sie, welcher Teil Ihres Körpers mit dem Problem eng zusammenhängt. Wo fühlen Sie die Angst? Wo steckt sie? Lassen Sie sie zu einem spürbaren körperlichen Gefühl werden. Dann gehen Sie mit Ihrem Geist an diese Stelle und spüren, wie sich diese Spannung beziehungsweise Angst anfühlt. Ist sie scharf oder eher dumpf? Wenn Sie die Angst an mehreren Stellen spüren, gehen Sie dorthin, wo sie anfängt, und folgen ihr durch Ihren Körper.

Nun greifen Sie in Ihren Körper und nehmen die Angst heraus. Ziehen Sie sie heraus und halten Sie sie in der Hand. Jetzt können Sie sie anschauen. Wie sieht sie aus? Hat sie eine bestimmte Farbe, eine Struktur? Was fühlen Sie, wenn Sie sie in der Hand halten?

Fangen Sie nun an, zu dem Ding in Ihrer Hand zu sprechen. Fragen Sie es, welchen Zweck es für Sie hatte, als es angefangen hat. Wann haben Sie diese Spannung oder Angst zum ersten Mal gespürt? Warum ist sie immer noch da? Hat sie noch immer einen Zweck?

Jetzt nehmen Sie mit der anderen Hand all das weg, was für Sie an diesem Ding noch immer nützlich und wertvoll ist, so daß Sie in einer Hand das halten, was Ihnen noch nützt, und in der anderen das, was Sie nicht mehr brauchen. Fühlen Sie das unterschiedliche Gewicht, die verschiedenartige Struktur, den Unterschied zwischen Ihren beiden Händen.

Das, was Sie noch brauchen, bringen Sie jetzt in Ihren Körper zurück, entweder an die Stelle, von der Sie es genommen haben, oder auch woandershin, wenn sich das für Sie gut anfühlt. Diese nützliche Energie saugen Sie nun in sich auf, Sie nehmen ein paar tiefe Atemzüge davon, lassen sich von dieser Energie aufladen und stärken. Ihr ganzes Wesen soll spüren, warum sie für Sie nützlich ist, warum Sie sie brauchen.

Dann graben Sie ein Loch in den Sand und begraben den Inhalt der anderen Hand, das, was Sie nicht mehr brauchen. Sie vergraben diesen überflüssigen Teil Ihrer Angst ganz tief im Sand und wissen, daß sie sich auflöst, vom Sand und Wasser neutralisiert wird und Sie nicht mehr verletzen und unter Spannung setzen kann.

Achten Sie darauf, daß die Angst völlig verdeckt und spurlos vergraben ist, so daß Sie sie nicht mehr finden. Sie ist sowohl außer

Sicht als auch aus Ihrem Gefühl entschwunden, einfach nicht mehr da. In Ihrem Körper ist nur noch der Teil, der Ihnen nützt und Energie gibt.

Wie fühlen Sie sich jetzt, da dieses Problem, diese Spannung oder Angst weg ist? Spüren Sie ganz genau, wie unterschiedlich es sich anfühlt. Stehen Sie auf, laufen Sie den Strand entlang und spüren Sie noch einmal, wie anders Sie sich fühlen ohne diese Anspannung und Angst, die Sie immer festgehalten hat. Genießen Sie die Sonne, den Klang der Wellen, die Vögel. Lassen Sie alle Überreste dieser Angst los und aus Ihrem Körper heraus.

Nun kommen Sie wieder in die Wirklichkeit zurück, frei von Ihrer Angst. Sobald Sie bereit sind, öffnen Sie die Augen und schreiben Ihre Erlebnise auf. Lassen Sie es sich danach einfach gut gehen und bleiben Sie in Kontakt mit Ihrer Intuition.

———————— ✳ ————————

Diese Übung spricht für sich selbst. Um zu erkennen, welche Ängste uns behindern, müssen wir sie herausholen und genau anschauen. Nur dann können wir unser inneres Wissen davon befreien.

Beispiele

Die aus dieser Übung resultierenden Erfahrungen sind sehr beeindruckend. So arbeitete zum Beispiel eine Frau mit der Angst vor dem Schmerz in beiden Schultern und im Nacken. Als sie ihn während der Übung entfernte, sah er aus wie ein Metallstreifen, der ihre Schultern zusammenhielt.

Im weiteren Verlauf der Übung stellte sich heraus, daß der Metallstreifen für die Last stand, die sie in der Beziehung zu ihrer Tochter trug. Die Tochter war eigentlich inzwischen alt genug, um ihre Probleme selbst zu lösen, aber die Mutter übernahm aus Gewohnheit weiterhin die Verantwortung für deren Entscheidungen und Handlungen. Für sie war es eine unendliche Erleichterung, als sie die Liebe zu ihrer Tochter »aussortierte« und in ihr Herz pflanzte und den Rest vergraben konnte.

Eine andere Mutter empfand dieselbe Schuld in bezug auf ihre Kinder als harte Kugel im Bauch. Auch für sie war es eine große Erleichterung, diese Schuld loszulassen. Für einen Geschäftsmann war die Angst vor der Fortführung eines bestimmten Projektes wie ein Dorn in seiner Seite. Bei näherer Betrachtung entpuppte sich der Dorn als die Angst, seine Ideen einer Person in seiner Abteilung mitzuteilen. Er entfernte in der Übung den Dorn, die Kommunikation klappte endlich, und das Projekt konnte weiterlaufen.

Andere Bilder reichen von Ketten um den Hals bis zu einem prickelnden Gefühl am ganzen Körper. Wie bei allen anderen Übungen erleben manche intensive Gefühle, andere dagegen visualisieren das Ganze; einige wiederum denken nach, grübeln und lassen sich alles mögliche durch den Kopf gehen. Vertrauen Sie einfach auf Ihre eigene Erfahrung.

Das Medium ist nicht die Botschaft

Auch bei dieser Übung kann es passieren, daß die Bilder, Gefühle oder Empfindungen ein inneres Wissen auslösen. Dabei ist es wichtig zu erkennen, daß die Bilder und Eindrücke nicht Intuition sind, sondern lediglich das intuitive Wissen bewußt machen. Solche Auslöser sind oft notwendig, zumindest am Anfang. Wenn wir unsere Intuition besser kennen, sind sie mehr oder weniger überflüssig.

———————— ✳ ————————

Übung 9
Tägliche Übungen zum Loslassen der Angst

Während der ersten drei Tage sollte diese Übung mit verschiedenen Ängsten gemacht werden, zum Beispiel:
1. Tag: eine Zukunftsangst
2. Tag: Angst in bezug auf einen geliebten Menschen
3. Tag: eine Angst aus der Vergangenheit, die nicht mehr unbedingt präsent ist
4. bis 7. Tag: Probieren Sie jeden Tag etwas Neues aus, vor dem Sie bis jetzt zurückgeschreckt sind, beispielsweise etwas Neues lernen oder essen, einen neuen Weg zum Arbeitsplatz, zum Supermarkt etc. Selbst wenn Sie dies dann nie wieder tun, haben Sie eine

Angstbarriere durchbrochen. Das hilft Ihnen, eine Angst das nächste Mal besser zu erkennen und loszulassen.

Jeder von uns hat bestimmte Vorlieben oder Abneigungen, aber oft probieren wir etwas einfach nicht aus, weil wir glauben, daß es uns nicht gefällt oder nicht liegt. Solche kleinen Ängste können unser Selbstvertrauen untergraben. Wenn wir sie überwinden können, wird auch das Verstehen und der Umgang mit unseren großen Ängsten einfacher.

Angst contra Gefahr

Denken Sie immer wieder daran: »Das einzige, wovor man Angst haben muß, ist Angst.« Angst ist etwas zutiefst Menschliches, aber sie kann uns auch lähmen, wenn wir zuviel Kraft darauf verschwenden. Wenn wir sie in der richtigen Relation sehen, wird uns der Unterschied zwischen Angst und Gefahr klar werden.

Gefahr ist eine sehr unmittelbare Erfahrung. Sie hat mit der Gegenwart zu tun. So sehen wir zum Beispiel, daß die Gasleitung ein Loch hat und daß dies gefährlich ist. Oder wir fahren während eines Schneesturms und erkennen, daß wir vorsichtig sein müssen. Solche wirklichen Gefahren müssen erkannt und richtig eingeschätzt werden.

Angst dagegen dreht sich meistens um eine uns noch unbekannte Zukunft, die auf uns bekannten vergangenen Ereignissen beruht. Wenn eine Situation jetzt nicht zu ändern ist, ist Angst eine sinnlose Energieverschwendung. Gefahr kann man erkennen und entsprechende Vorkehrungen treffen, Angst dagegen erschöpft und lähmt uns.

Die Intuition weist die Richtung

Bei diesen Erfahrungen bleibt die Intuition neutral. Auf seine Intuition eingehen gehört zum Erkennen von Gefahr. Der Teil unseres Geistes, der uns an das durchgebrannte Kabel oder an das noch eingeschaltete Bügeleisen denken läßt, ist Teil unserer Intuition. Wer allerdings ständig ohne Grund befürchtet, etwas angelassen zu haben, steckt seine ganze Energie in seine Ängste.

Kennen Sie Notsituationen, in denen Sie einfach automatisch das Richtige getan haben? Später kommt Ihnen bei dem Gedanken an das, was *hätte passieren können*, das kalte Grausen, doch in der Situation haben Sie instinktiv und ohne zu denken reagiert. Erst wenn alles vorbei ist, hat Ihr Kopf Gelegenheit, sich all seine Ängste und Befürchtungen auszumalen. Doch dann ist »alles schon gelaufen«.

Bei Ängsten, die *vor* einer bestimmten Situation auftauchen, ist es ähnlich. Da kein Notfall droht, haben unsere Ängste viel Zeit, unsere Instinkte unter Kontrolle zu bringen.

In solchen Situationen hilft uns unsere Intuition, den Überblick zu bewahren und Ängste als das zu sehen, was sie sind: nichts Handfestes, sondern eben nur Angst.

Kapitel 5
Wünsche verstehen
4. Woche

An einer Kreuzung trafen sich einmal ein armer Dichter und ein reicher
Dummkopf, und sie unterhielten sich. Und es stellte sich heraus, daß
beide unzufrieden waren.
Der Engel der Straße kam vorbei. Er legte seine Hand auf die Schultern
der beiden Männer, und es geschah ein Wunder: Die beiden Männer
tauschten ihre Besitztümer aus.
Sie gingen auseinander. Und seltsam: Der Dichter fand in seiner Hand
nur trockenen Sand; und der Dumme schloß die Augen und fühlte nichts
als eine Wolke durch sein Herz ziehen.
– Khalil Gibran –

Das Schwache stärken

Die Wochen 3 und 4 sind ein echtes Training. Nach den »Lockerungsübungen« der ersten Wochen kommen wir nun zum Kern der Sache: Warum funktioniert bei den meisten Menschen, die ihre Intuition nicht trainieren, die Intuition nicht?

Wenn wir unsere Ängste und Wünsche anschauen und erkennen, wie sie unserer Intuition immer wieder »dazwischenfunken«, trainieren wir sozusagen die »Schwachstellen«. Es ist wie beim Sport: Schwache Muskeln tun leicht weh, und deshalb trainieren wir sie auch nicht gerne.

Schauen wir den Tatsachen ins Auge: Wir sind eben nicht perfekt. Und wenn ein Teil von uns stark ist, wozu dann die schwächeren Teile entwickeln? Doch wenn wir dazu den Mut haben, werden auch unsere starken Seiten davon profitieren und noch besser funktionieren, da sie von uns als Ganzheit unterstützt werden und nicht einfach von sich aus ihre Arbeit erledigen. Mit der Intuition ist es ganz genauso: Durch das Stärken des intuitiven »Muskels« stärken wir den ganzen Entscheidungsfindungsprozeß.

Unsere Wünsche sind genauso stark wie unsere Ängste; beide hindern uns daran, auf unsere Intuition zu hören und ihr zu vertrauen.

Ziele kontra Wünsche

Nicht alle Wünsche beeinträchtigen die Intuition. Wenn wir etwas wirklich wollen, richten wir unsere Energie darauf, was unterstützend wirken kann. So kann eine Inspiration oder eine Idee zum Wunsch werden, der uns wiederum hilft, ein bestimmtes Ziel zu erreichen. Solche Wünsche sind eine gute Sache, denn sie motivieren uns dazu, unsere normalen Grenzen zu überschreiten.

Wünsche können jedoch auch eine Art »Kurzschluß« verursachen, nämlich dann, wenn sie uns beeinträchtigen oder sich auf etwas konzentrieren, über das wir keine Kontrolle haben. Solche Wünsche »vernebeln« die Fähigkeit, mit der Gegenwart klarzukommen. Der Wunsch nach einem perfekten Körper macht es uns beispielsweise schwer, uns so zu akzeptieren, wie wir sind, wenn unser Körperbau nun einmal nicht unserer Vorstellung von »perfekt« entspricht oder wenn wir uns etwas Wichtiges »verkneifen«, bis wir diesem Ideal entsprechen. Beispiele dafür gibt es jede Menge: »Sobald ich gut aussehe, suche ich mir einen neuen Job.« Oder: »Ich will erst dann eine Beziehung haben, wenn ich die Anerkennung bekomme, die ich verdiene.« Solche Wünsche untergraben das Selbstwertgefühl und Selbstvertrauen, so daß wir für uns wichtige Schritte einfach nicht tun. Sie sind ein Deckmantel für die Angst vor dem Erfolg.

Wünsche vernebeln den Kopf

Wer nur das sieht, was er sehen will oder gut findet, schaltet sein klares Denkvermögen und seinen gesunden Menschenverstand einfach ab.

Ich hatte zum Beispiel den Wunsch, mit meinem ersten Kind eine »perfekte« Geburt zu erleben. Einige Tage vorher hatte ich eine Vision von einer Steißgeburt, aber ich hörte nicht auf meine Intuition. Es paßte nicht in meine Vorstellung von der »perfekten« Geburt, die ich wollte. Und was passierte? Ich hatte natürlich eine Steißgeburt. Ich hatte es gewußt, aber es entsprach nicht meinem Wunsch nach Perfektion, wie ich es mir vorstellte.

Sogar nach so vielen Jahren Intuitionstraining passiert es mir bisweilen immer noch, daß ich es zum Beispiel beim Einkaufen eilig habe und nicht auf meine Intuition höre, weil ich schnell nach Hause will. Ich sehe etwas im Regal und weiß, daß ich es mitnehmen sollte, weil ich sonst zu Hause unweigerlich feststelle, daß mir genau das tatsächlich ausgegangen ist, auch wenn es nicht auf meiner Einkaufsliste stand. Solche Erlebnisse bestätigen mir immer wieder, wie richtig meine Intuition ist und wie Wünsche dazwischenfunken können.

Der Wunsch als verzerrte Inspiration

Wünsche, die die Intuition beeinträchtigen, entstehen meist aus einer echten Inspiration heraus, werden dann aber mit bestimmten Umständen identifiziert, wodurch die ursprüngliche Inspiration verlorengeht.

So war bei der Geburt meines ersten Kindes der ursprüngliche Gedanke, ein gesundes Kind auf die Welt zu bringen. Das hieß für mich eine natürliche Geburt ohne Komplikationen.

Diese Definition hielt mich davon ab, auf meine Intuition zu hören, die auch von der ursprünglichen Inspiration ausging und mir eingab, entsprechende Vorkehrungen zu treffen. Die ursprüngliche Inspiration impliziert meist, daß wir als Individuen uns entwickeln und verändern müssen, um sie tatsächlich realisieren zu können. Das ist Teil des natürlichen kreativen Prozesses.

Wachstum und Inspiration

Wenn wir immer wüßten, wie was zu machen ist, wäre das keine Herausforderung für uns und außerdem sehr unkreativ. Eine Idee, die wir in die Tat umsetzen möchten, ist immer mit Veränderung, mit Lernen, mit neuen Wegen verbunden. Sicher kennen Sie alle das Gefühl: »Wenn ich gewußt hätte, was da auf mich zukommt, hätte ich es niemals gemacht.« Ob wir ins »kalte Wasser« springen oder uns vorsichtig an neue Situationen herantasten – wir werden immer Überraschungen erleben. Und das muß auch so sein, weil wir nur so wachsen und uns verändern können.

Einer meiner Schüler wollte zum Beispiel gerne eine richtige Beziehung haben. Für ihn hieß dies eine Partnerschaft mit einer Person mit ganz bestimmten Attributen. Als er dann tatsächlich eine Frau kennenlernte, die ihm tiefe Gefühle entgegenbrachte und umgekehrt, war er so eifrig damit beschäftigt, ihre äußeren Qualitäten zu beurteilen, daß er für seine und ihre Gefühle blind war. Seine ursprüngliche Inspiration war eine Einladung, sich auf seine Gefühle einzulassen und ihnen zu vertrauen. Doch anstatt sich zu verändern, beschränkte er dies auf eine Reihe von Eigenschaften, nach denen er Ausschau hielt.

Etwas wollen kann die Intuition behindern. Deshalb werden wir in dieser Woche das, was mir meinen zu wollen, loslassen und schauen, wie sich das anfühlt. Zum anderen soll auch erforscht werden, wie es ist, tatsächlich das zu bekommen, was wir wollen, und die ursprüngliche Inspiration dahinter zu entdecken.

———————— ✳ ————————

Übung 10
Wünsche verstehen

Nehmen Sie sich für diese Übung etwa 20 Minuten Zeit und denken Sie an etwas, das Sie gerne möchten. Der Sinn der Übung liegt darin, Wünsche zu verstehen und zu sehen, wie sie die Intuition beeinträchtigen.

Machen Sie es sich bequem und atmen Sie tief. Lassen Sie alle Anspannungen und Gedanken los. Sie sollten mit dem ganzen Körper atmen, als ob Sie ein Ballon wären: Beim Einatmen füllt sich der Ballon (Ihr Körper), wird weiter und nimmt Luft voller Lebenskraft auf. Beim Ausatmen lassen Sie die Luft wieder heraus, und mit ihr alle Anspannungen, Gedanken und Sorgen.

Jetzt gehen Sie wieder an den Ort, wo Sie Ihre Intuition kennengelernt haben. Achten Sie auf die Umgebung. Möchten Sie etwas daran ändern? Gibt es etwas Neues? Lassen Sie sich Zeit, bis Sie sich wohl fühlen. Sagen Sie nun »Hallo« zu Ihrer Intuition, laden Sie sie ein und fragen Sie sie, ob sie Ihnen etwas mitzuteilen hat.

Ihre Intuition erfährt von Ihnen nun, was Sie sich wünschen, und läßt ein Bild davon entstehen. Vielleicht wird sie selbst zu diesem

Symbol, vielleicht hält sie es in der Hand; es kann auch irgendwo in der Umgebung zu finden sein. Die Hauptsache ist, es ist da – selbst wenn es nur ein vages Etwas ist.

Jetzt stellen Sie sich und Ihrer Intuition die folgenden Fragen, wobei die Form der Antwort keine Rolle spielt: Es können Gefühle, Worte, Bilder, Gedanken sein. Wenn keine Antwort kommt, gehen Sie einfach zur nächsten Frage über.

Wie würde sich das von Ihnen gewünschte Geschehen auf Ihr Leben auswirken? Wie würden Sie sich dann fühlen?

Wie wirkt sich der Wunsch danach auf Ihr jetziges Leben aus?

Welche Gefühle sind sonst noch mit diesem Wunsch verbunden?

Steckt hinter dem Wunsch vielleicht eine Angst?

Was passiert, wenn der Wunsch sich nicht erfüllt?

Welche Vorteile haben Sie, wenn Sie nicht das bekommen, was Sie wollen?

Repräsentiert der Wunsch vielleicht ein tieferes Bedürfnis? Oder anders ausgedrückt: Was wollen Sie wirklich? Was war die ursprüngliche Inspiration?

Was müßte sich ändern, wenn sich Ihr Wunsch erfüllt? Nehmen Sie sich Zeit, dies einmal wirklich in Gedanken durchzuspielen, sich richtig damit vertraut zu machen: Wie würde sich Ihr Leben ändern? Wie fühlt es sich an? Sind Sie glücklich dabei? Oder tauchen neue Probleme auf?

Lassen Sie sich Zeit für diese Fragen und finden Sie mit Hilfe Ihrer Intuition die Antworten.

Wenn es Ihnen schwerfällt, das Gefühl zu spüren oder Ihren Wunsch loszulassen, »verleiben« Sie sich das Symbol einfach ein. Wie fühlen Sie sich, wenn Sie es tatsächlich haben? Gehen Sie ganz in dieses Gefühl hinein.

Dann nehmen Sie das Symbol wieder heraus und lassen es los. Wie geht es Ihnen, wenn Sie wirklich loslassen? Was wissen Sie nun über Ihren Wunsch?

Danken Sie Ihrer Intuition und lassen Sie sie gehen. Nach ein paar tiefen Atemzügen verlassen auch Sie den Ort wieder und kommen in die Wirklichkeit zurück. Öffnen Sie die Augen und schreiben Sie Ihre Erfahrungen auf.

———————— ✳ ————————

Beispiele

Kommen wir noch einmal zu dem Mann zurück, der gerne eine echte Beziehung haben wollte. Mit Hilfe dieser Übung wurde ihm klar, daß es für ihn wichtiger war, emotional offen und in Kontakt mit seinen Gefühlen zu bleiben, als ständig jeden mit seinen aufgelisteten Eigenschaften zu vergleichen und »abzuhaken«; auch wenn letzteres einfacher war, kam er dadurch seinem Ziel keinen Schritt näher.

Eine andere Frau hatte das Bedürfnis nach Freiheit. Für sie bedeutete dies genug Geld, um alles machen zu können, was sie wollte. Deshalb war sie ständig mit Geldverdienen beschäftigt, ohne je genug davon zu haben, und empfand sich immer als Opfer der Umstände.

Sie erkannte, daß Freiheit für sie bedeutete, sich hier und jetzt frei zu fühlen, das zu tun, was sie im Leben weiterbrachte, selbst wenn sie dabei weiterhin Geld verdienen mußte. Der Gedanke, sich selbst innere Freiheit zu gewähren, behagte ihr gar nicht. Ihr war klar, daß dies nicht über Nacht zu erreichen war, aber sie hört jetzt besser auf ihre Intuition, auch wenn sie sich dann für etwas anderes entscheidet. Sie hat die Wahl und ist nicht länger das »Opfer«.

Für eine Schülerin, die sich wünschte, endlich abzunehmen, war dieser Wunsch ein klebriges, elastisches, dunkelbraunes Etwas, das an beiden Händen festklebte.

Ihre Intuition riet ihr, das Ding loszuwerden, aber sie wußte nicht wie. Meine Interpretation war, daß sie das ganze Bedürfnis, Gewicht zu verlieren, loswerden sollte, weil es für sie eine echte Plage war. Sie war sich nicht sicher, ob sie das tatsächlich wollte. Ein solches Loslassen ist gar nicht so einfach, vor allem wenn unser Selbstbild, die Vorstellung, wie wir gerne sein oder aussehen möchten, dabei eine Rolle spielt.

Übung 11
Tägliche Übungen, um Wünsche verstehen zu lernen

1. bis 3. Tag: Schauen Sie sich die Hauptübung noch einmal genau an und spielen Sie sie mit verschiedenen Wünschen durch.

4. und 5. Tag: Erinnern Sie sich an eine Zeit in Ihrem Leben, als Sie das bekamen, was Sie wollten, und schreiben Sie die entsprechende Geschichte auf. Waren Sie damals zufrieden? Wurden auch die tieferen Bedürfnisse erfüllt? Welche Veränderungen machten Sie dabei durch? Was haben Sie aus diesem Prozeß gelernt? Und wie hilft Ihnen diese Erfahrung beim Verständnis Ihrer jetzigen Bedürfnisse?

Eine Möglichkeit, den Unterschied zwischen einer Inspiration und einem Wunsch herauszufinden, besteht darin, unser Leben einmal daraufhin anzuschauen, was wir erreicht haben und was unerledigt geblieben ist. Jeder macht sich seine Gedanken über potentielle Möglichkeiten, von denen wir manche dann in die Tat umsetzen; das sind echte Inspirationen. Bei anderen dagegen bleibt es bei der Idee, die uns einmal durch den Kopf geht und dann wieder vergessen wird.

Manche Ideen lassen uns einfach nicht mehr los, und trotzdem unternehmen wir nichts. Das sind die Wünsche, die wir uns näher anschauen sollten. Sie rauben uns unsere Energie und halten uns von anderen wichtigeren Dingen ab.

Mit Hilfe dieser Übung können wir das Ganze einmal näher betrachten und herausfinden, welche Ideen und Inspirationen uns tatsächlich motivieren und welche »Energieräuber« sind.

6. und 7. Tag: Machen Sie eine Liste von all den Dingen, die Sie gern möchten. Dann schreiben Sie dazu, wie sich dadurch Ihr Leben verändern würde, und zwar sowohl bei dem, was dazukommt, als auch bei dem, was wegfallen würde. Sind Sie bereit, sich so sehr zu verändern?

Mut

Fühlen Sie sich erschöpft? In dieser Phase ähnelt das Intuitionstraining einem körperlichen Fitneßtraining, bei dem Sie über Ihre Grenzen gegangen sind. Sie sehen jetzt, daß Sie gar nicht »in Form« sind, und würden am liebsten aufgeben, nach dem Motto: »Ich kann das einfach nicht.« »Ich bin überhaupt nicht in Form.« »Ich muß noch so weit gehen. Wozu eigentlich das Ganze?«

Geben Sie nicht auf! Es erfordert Mut, sich mit seinen Ängsten und Wünschen zu konfrontieren. Im Moment ist das Intuitionstraining kein »Zuckerschlecken«, doch mit Mut und Durchhaltevermögen werden Sie Vertrauen schöpfen.

Vergessen Sie nicht: Mut heißt, auch dann weiterzumachen, wenn man Angst oder Unsicherheit verspürt. Gestehen Sie sich ruhig ein, daß es harte Arbeit und nicht immer angenehm ist, aber machen Sie weiter. Sie schaffen es!

Kapitel 6
Vertrauen aufbauen
5. Woche

*Soweit ich sehen kann, machte William Durant bei einer Sache immer
nur aufgrund eines intuitiven Geistesblitzes weiter. Die Fakten allein
waren für ihn dabei nicht ausschlaggebend.*
– Alfred P. Sloan –
(Früherer Vorsitzender von General Motors)

Die letzten beiden Kapitel haben wahrscheinlich arg an Ihrem
Selbstbild genagt. Inzwischen haben Sie sich von ein paar »Spinn-
weben« befreit, sich »entrümpelt«. Das ist der richtige Zeitpunkt,
einige der vorherigen Übungen noch einmal zu machen und zu
sehen, wie stark Ihre intuitiven »Muskeln« inzwischen geworden
sind.

Den persönlichen Stil entwickeln

So langsam bekommen Sie ein Gefühl für Ihren persönlichen Stil.
Sie wissen, wie Ihre Intuition mit Ihnen in Verbindung tritt, welche
Gefühle und Empfindungen auftreten, sobald Sie Ihre »Intuitions-
gymnastik« machen. Nun können Sie Ihre persönliche Methode
perfektionieren und dadurch Vertrauen aufbauen.

In diesem Kapitel geht es darum, den persönlichen Stil genauer
zu definieren, ihn zu erweitern und zu ihm Vertrauen zu fassen.
Wenn Sie erst einmal erkannt haben, daß Ihre Art der Entscheidungsfindung sich von anderen unterscheidet, haben Sie das Training bereits zu 75 % geschafft. Selbst wenn andere mit einer
bestimmten Methode sehr erfolgreich sind – das muß nicht Ihr Weg
sein. Sie können davon lernen und sie in Ihren Stil integrieren, aber
wenn Sie einfach nur imitieren, versetzen sie Ihrer Intuition den
Todesstoß.

Intuition ist immer etwas Individuelles, selbst wenn es Ähnlichkeiten gibt. Sie ist von Natur aus eine innere Erfahrung, ein Selbstgefühl, das sich auch nach außen, auf unser Leben auswirkt. Je mehr

Sie über sich selbst wissen – Unterschiede und Ähnlichkeiten zu anderen –, desto mehr sind Sie mit Ihrer Intuition verbunden.

Selbstvertrauen unterstützt die Intuition

Ein starkes Gefühl für Ihre Einzigartigkeit hilft Ihnen, das Vertrauen in Ihre Intuition zu stärken. Wer sich seiner selbst unsicher ist, wird sich auch seiner Intuition nicht sicher sein oder ihr nur halbherzig folgen. Ein selbstbewußter Mensch dagegen ist sich auch seiner Intuition sicher. Die Hauptübung dieses Kapitels macht Sie mit sich selbst und Ihrer Intuition bekannt. Die täglichen Übungen verstärken dieses Gefühl und helfen Ihnen, es in bestimmten Lebenssituationen anzuwenden.

Setzen Sie sich bequem hin und nehmen Sie sich für diese Übung circa 10 Minuten Zeit.

---------------- ✳ ----------------

Übung 12
Die Blase

1. Tag: *Machen Sie die Augen zu und atmen Sie tief, um leuchtende, sprühende Energie in sich aufzunehmen. Mit jedem Ausatmen lassen Sie die Spannungen des Tages, alle Gedanken und Ablenkungen los.*

Nun stellen Sie sich vor, daß Sie vollkommen von einer Blase umgeben sind, die genau die richtige Größe hat, so daß Sie sich nicht verkrampfen, sondern wohlfühlen. Auch zum Atmen ist genug Platz. Die Blase schließt auch Ihre Füße und den Kopf mit ein.

Diese Blase ist aus einem sehr starken Material, so daß von außen keinerlei Energien hereinkommen können. Selbst wenn sie durchsichtig ist, muß sie wirklich dick und stark sein.

In der Blase ist nur Ihre eigene Energie. Sie kommt aus Ihnen heraus, prallt gegen die Blase und kommt zurück. In dieser Blase verstärkt sich Ihr Selbstgefühl. Entspannen Sie sich einfach, atmen Sie weiter und spüren Sie die Blase um sich.

Ihre Energie springt hin und her, wird immer stärker. Vielleicht spüren Sie einen bestimmten Rhythmus oder assoziieren Farben damit; es könnten genausogut Töne sein oder eine bestimmte Struk-

tur oder Dichte. Spüren sie dem einfach nach, nehmen Sie es in sich auf und gewöhnen Sie sich daran.

Lassen Sie sich Zeit. Erst wenn Sie wirklich bereit sind, lassen Sie das Bild der Blase langsam verblassen und entschwinden, jedoch nicht das Gefühl Ihrer Energie. Das sollten Sie den ganzen Tag behalten. Wenn es zu vergehen droht, denken Sie einfach an die Blase, und es wird wieder spürbar.

Dann öffnen Sie die Augen und tragen Ihre Erfahrungen in Ihr Tagebuch ein.

Meistens wird diese Übung als sehr erfrischend erlebt, da sie eine gute Möglichkeit darstellt, sich zu entspannen und besser kennenzulernen. Was dabei herauskommt, kann eine ziemliche Überraschung darstellen. So halten sich manche zum Beispiel für ruhig und gelassen und machen in der Blase die Erfahrung, daß sie eigentlich sehr viel Energie und Tatkraft haben.

Andere wiederum müssen feststellen, daß ihr Selbstbild eher auf dem basiert, was andere von ihnen erwarten. Wenn sie dann schließlich mit ihrer eigenen Energie in Berührung kommen, wandelt sich Anspannung in Entspannung, und sorgenvolle Gedanken machen Platz für Freude und Spaß.

Eine Workshop-Teilnehmerin erlebte ihre Energie zum Beispiel als sehr klebrig, doch nach ein paar Augenblicken in der Blase war diese Klebrigkeit verschwunden, und sie erkannte, daß sie aus ihrem Sicherheitsbedürfnis heraus an anderen Menschen »festklebte«. Sobald sie einfach sie selbst war, war dieses klebrige Gefühl verschwunden.

Ihr Leben änderte sich durch diese Einsicht natürlich nicht über Nacht. Doch sie half ihr zu sehen, daß sie sich über das definierte, was andere von ihr dachten. Und sie lernte ein Gespür für sich selbst zu entwickeln, dessen sie sich im Laufe der Übung immer bewußter wurde. Und so konnte sie sich allmählich mit sich selbst wohlfühlen.

Von der Einsicht zum Wandel

Einsicht kann etwas Wundervolles sein. Wir erhaschen gleichzeitig einen Blick auf das, was war und was sein könnte. Jetzt erwarten wir vielleicht, daß auf die Einsicht sofort die Veränderung folgt, und manchmal ist das auch der Fall. Doch normalerweise braucht Wandel eine gewisse Zeit, die voller Aufruhr sein kann. Der Geist kann den Wandel von einem Moment zum anderen vollziehen, doch unsere Gewohnheiten und unsere Umgebung kommen da oft nicht mehr nach, sie legen ein gemütlicheres Tempo vor. Gehen Sie deshalb nicht zu hart mit sich selbst ins Gericht, wenn nicht alles sofort anders wird. Seien Sie sich und Ihren Gewohnheiten und Mitmenschen gegenüber verständnisvoll und verfolgen Sie beharrlich Ihr Ziel.

* * * ❋ * * *

Übung 13
Tägliche »Blasen«-Übungen

2.Tag: *Setzen Sie sich bequem hin, und atmen Sie mit geschlossenen Augen ein paarmal tief durch. Atmen Sie Vitalität ein und Spannungen aus. Umgeben Sie sich mit Ihrer Blase.*

Hat sich seit Ihrer letzten »Blasen«-Übung etwas verändert? Atmen Sie auch in der Blase tief ein und aus. Denken Sie daran, daß die Blase so dick und stark sein muß, daß sie alle Energie von außen fernhält, so daß sie nur mit Ihrer eigenen Energie gefüllt ist, die Sie nun ein- und ausatmen. Wie fühlt es sich an, Sie selbst zu sein? Machen Sie sich mit diesem Gefühl und Ihrer Energie vertraut.

Nun denken Sie an eine Person, die Sie gerne mögen, mit der Sie sich gut fühlen. Auch dieser Mensch ist in seiner eigenen Blase und schwebt jetzt darin auf Sie zu. Wie sieht diese Blase aus? Wie reagieren Sie darauf? Ändert sich Ihre Energie oder die des anderen? Fühlen Sie sich noch immer wohl, oder geht es Ihnen weniger gut? Geht Ihr Selbstwertgefühl verloren? Und wie steht es damit bei der anderen Person?

Die zwei Blasen treiben nun wieder auseinander. Danken Sie Ihrem Freund, daß er bei dieser Übung mitgemacht hat, und lassen Sie ihn in seiner Blase entschweben.

Sie selbst bleiben noch ein bißchen in Ihrer Blase. Wie fühlt es sich an, wieder ganz Sie selbst zu sein?

Sobald Sie dazu bereit sind, lassen Sie das Bild der Blase entschwinden und öffnen die Augen. Tragen Sie Ihre Erfahrungen in Ihr Tagebuch ein.

✳

Diese Übung kann sehr aufschlußreich sein. Eine Schülerin erlebte zum Beispiel, wie sich ihre Blase um die andere Person wickelte. Sie spürte, wie sie ihr Selbstgefühl verlor, vor allem wenn es um einen Mann ging, in den sie sich verliebt hatte. Das wußte sie zwar schon vorher, aber die Übung machte ihr das noch einmal sehr klar und ließ sie spüren, wieviel Kraft sie dieses Verhalten kostete. Danach war sie fähig, konsequenter bei ihrem Selbstgefühl zu bleiben, auch wenn sie emotional beteiligt war.

Eine andere Frau erlebte, wie kraftvoll ihre Energie war. Das war ihr zwar von anderen Menschen immer wieder gesagt worden, aber sie hatte es nicht geglaubt. Nun wurde ihr klar, was sie in die Welt hinaustrug und daß sie davor keine Angst zu haben brauchte, aber lernen mußte, es weise einzusetzen.

Noch ein anderes Beispiel: Eine Schülerin fühlte sich in ihrer Blase unwohl. Zunächst befürchtete sie, sie würde nicht genügend Luft bekommen. In ihren Worten: »Ich weiß, daß meine Energie stark und hell ist, und der Gedanke, sie durch die Blase einzusperren, behagte mir gar nicht. Doch dann merkte ich, daß ich in einer leuchtenden Blase mit eingeschränktem Raum sein konnte, daß meine Energie aber wie Sonnenstrahlen über die Blase hinausging. Da fühlte ich mich in meiner Blase sehr wohl. Ich spürte, daß ich eine Menge überschüssige Energie hatte.« Sie fuhr mit den Blasen-Übungen fort und lernte dadurch einiges über ihr Beziehungsmuster.

3. Tag: Machen Sie die gleiche Übung, aber diesmal mit einer Person, die Ihnen nicht so ganz zusagt: jemand, der Sie nervt oder auf den Sie gerade wütend sind.

4. Tag: Wiederholen Sie die Übung mit einer dritten Person, mit der Sie sich entweder gut oder schlecht fühlen.

5. Tag: Heute stellen Sie sich eine Situation vor, mit der Sie gerade konfrontiert sind und in der Sie einen guten Rat von Ihrer Intuition gebrauchen könnten. Dann machen Sie die folgende Übung.

———————— ✳ ————————

Die Blasen-Übung für bestimmte Situationen

Machen Sie es sich bequem, schließen Sie die Augen und machen Sie ein paar tiefe Atemzüge.

Lassen Sie sich wieder von Ihrer Blase umgeben; inzwischen dürfte Ihnen das nicht mehr schwer fallen. Hat sich das Gefühl in der Blase verändert? Wie wohl fühlen Sie sich damit?

Lassen Sie sich nun auf Ihre Energie ein und atmen Sie sie tief ein.

Jetzt stellen Sie sich eine Situation vor, in der Sie ein wenig Hilfe gebrauchen könnten. Diese Situation schwebt in einer eigenen Blase auf Sie zu. Wie sieht es darin aus? Wie fühlt es sich an? Assoziieren Sie damit bestimmte Farben, Strukturen, Gerüche, Formen?

Vielleicht hilft Ihnen dieses Anschauen bereits, die Situation zu verstehen und mit ihr besser umzugehen. Lassen Sie die zwei Blasen nun miteinander verschmelzen. Was ist das für ein Gefühl? Was sagt es über die Situation aus? Was haben Sie damit zu tun?

Wenn Sie bereit sind, lassen Sie die beiden Blasen wieder auseinanderfließen. Die Blase mit der Situation entfernt sich langsam.

Atmen Sie noch ein paarmal tief durch und lassen Sie dann auch Ihre Blase verschwinden.

Dann öffnen Sie die Augen und notieren Ihre Erfahrungen in Ihrem Tagebuch.

———————— ✳ ————————

Ich selbst probierte diese Übung aus, als ich dieses Buch schreiben wollte. Es fiel aus seiner Blase heraus und sank nach unten. Mein Gefühl dabei war, daß es einfach zu schwer war. Ich gab mir alle Mühe, es wieder in die Blase zu befördern, aber es half nichts. Es fiel immer wieder zu Boden.

Also überlegte ich, wie ich das Buch »leichter« machen konnte, damit es nicht mehr so schwerfällig war und Spaß machte. Und prompt wurde es leichter und blieb in seiner Blase. Da wußte ich Bescheid – und ich hielt mich beim Schreiben auch daran!

Als ich die Buch-Blase und meine eigene Blase zusammenführte, fand eine regelrechte Explosion statt. Ich spürte die Erregung und die Energie und wußte, daß dieses Buch ein Erfolg sein würde. Wunschdenken? Gut möglich. Um das herauszufinden, machte ich die »Wunsch-Übung«, um den Wunsch nach Erfolg loszulassen. Und das gelang mir auch. Natürlich möchte ich, daß das Buch Erfolg hat, aber das ist nicht ausschlaggebend. Wichtig ist, daß es bei vielen Menschen zum Verständnis und zur Wertschätzung ihrer Intuition beiträgt. Wenn mir das gelingt, bin ich zufrieden.

6. Tag: Führen Sie diese Übung noch einmal mit einer anderen Situation oder Entscheidung durch.

7. Tag: Versuchen Sie, den ganzen Tag in Ihrer Blase zu bleiben. Das soll natürlich nicht heißen, daß Sie den ganzen Tag mit geschlossenen Augen die Übung durchführen, sondern daß Sie sich des Gefühls in der Blase so weit wie möglich bewußt bleiben und es sich immer wieder bewußt machen. Wie fühlen Sie sich und wie reagieren andere, wenn sich Ihr Selbstgefühl oder Ihr Verhalten ändert? Denken Sie daran, Ihre Ergebnisse aufzuschreiben.

Sie fragen sich vielleicht inzwischen, was Blasen, persönliche Energie und Ihre Gefühle gegenüber anderen Menschen mit Ihrer Intuition zu tun haben. Das ist eine gute Frage. Zu Beginn des Kapitels war die Rede von Vertrauen und davon, wie Selbstvertrauen das Hören auf die eigene Intuition erleichtert.

Vertrauen ist die Fähigkeit, sich mit selbst wohl zu fühlen, ob man nun recht hat oder nicht, ob man »am Ball« bleibt oder ob Loslassen angesagt ist. Egal was getan werden muß, Sie tun es mit Selbstsicherheit und ohne sich zu be- oder verurteilen.

Urteilen untergräbt das Vertrauen

Sobald wir uns als erfolgreich oder als Versager beurteilen, wenn bestimmte Umstände und Situationen zu Erfolg oder Mißerfolg führen, verlieren wir das Vertrauen. Denn dann müssen wir uns vor sogenannten Mißerfolgen oder Fehlern schützen und unsere Erfolge aufbauschen. Wir sehen uns nicht länger als Ganzes und können nicht mehr auf unsere Intuition hören, wenn das, was sie uns sagen will, nur schwer zu akzeptieren ist.

Sich mit sich selbst wohl zu fühlen heißt, sich mit der ganzen Person wohl zu fühlen, nicht nur mit unseren Sonnenseiten, sondern auch mit den kleinen »Schönheitsfehlern«, das heißt sowohl Fehler als auch Erfolge, Siege genauso wie Niederlagen. Dieses Kapitel soll Ihnen helfen, Ihr Selbstvertrauen zu stärken – was oder wer auch immer das sein mag. Erst dann kann Ihre Intuition, die keine Urteile fällt und neutral bleibt, frei mit Ihnen kommunizieren.

Nehmen Sie mein eigenes Beispiel: Wenn ich dem, was ich bereits geschrieben hatte, zu sehr verhaftet gewesen wäre und eine gründliche Überarbeitung als Mißerfolg gewertet hätte, hätte ich meine Intuition einfach ignoriert und abgeblockt, anstatt zu sehen, was sie mir mitteilen wollte.

Wir müssen alle von Zeit zu Zeit eine »Bestandsaufnahme« machen. Wenn wir uns selbst gegenüber ehrlich und neutral sind, können wir uns auf das konzentrieren, was wir besser machen können. Oder wie Pat Rodegast in *Emmanuel's Book* sagt: »Wir sind vollkommen unvollkommen.«

Für mich bedeutet das, daß wir immer perfekt sind und gleichzeitig den Spielraum haben zu wachsen, uns zu verändern und weiterzuentwickeln. Von einem Erstsemester wird schließlich auch keine Doktorarbeit verlangt. Also: Nehmen Sie sich so unfertig, wie Sie sind, und haben Sie Spaß dabei!

Kapitel 7
Unser Experten-Verstand
6. Woche

Fünf große Stahlfirmen gaben mir den Rat, für die Container, Guß-
stücke, das Werkzeug etc. härteres Material zu verwenden. Statt dessen
war ich der Meinung, daß weichere Werkzeuge besser wären. Unser
Präsident befahl mir, die Vorschläge der großen Stahlhütten zu befol-
gen. Aber ich folgte meiner Intuition und gab für das weichere Material
zweieinhalbmal soviel Geld aus. Und der Erfolg war durchschlagend.
Das weichere Werkzeug hat die sechsfache Lebensdauer. Inzwischen
verwendet die ganze Branche dieses Verfahren.
– Richard Haupt –
früherer Vizepräsident von Electric Hydracon Company

Machen Sie sich keine Sorgen wegen Ihrer Schwierigkeiten beim Rech-
nen. Meine sind mit Sicherheit noch viel größer.
– Albert Einstein –

Schließlich gibt es noch ein letztes großes Hindernis, das Ihnen den
Zugang zu Ihrer Intuition erschwert und mit dem jeder zu kämpfen
hat. Es ist der Teil unseres Geistes, der alles weiß, der entscheidet,
was wie und wann passiert und was dabei herauskommt – unser
Experten-Verstand.

Wenn Sie fünfzehn Jahre lang immer den gleichen Weg zur
Arbeit gefahren sind, kennen Sie den Weg in- und auswendig, nicht
wahr? Sie wissen, was passiert und müssen nicht einmal mehr
aufpassen. Ihr Körper weiß den Weg, stimmt's? Ja und nein! Wa ist
heute auf dem Weg zur Arbeit eigentlich passiert? Sind Sie sich
dieser Zeitspanne überhaupt bewußt? Haben Sie sie genutzt, oder
war es vertane Zeit?

Wie war das denn beim ersten Mal? Sie haben ganz bestimmt
genau aufgepaßt und auf jede Einzelheit geachtet! Wahrscheinlich
können Sie sich sogar noch an den genauen Tag erinnern, er ist
Ihrem Gedächtnis eingeprägt.

Wie war das, als Sie das erste Mal Auto gefahren sind? Sie können
sich natürlich nicht an jede Autofahrt erinnern, aber von dieser
Fahrt ist Ihnen bestimmt etwas im Gedächtnis geblieben. Denn

beim ersten Mal ist man ganz *präsent*. Man beobachtet, nimmt alle Einzelheiten wahr. Das ist der Zustand des Anfänger-Verstands. Er ist das genaue Gegenteil des Experten-Hirns.

Experten-Köpfe wissen alles

Mit den Experten-Köpfen anderer haben wir alle so unsere Erfahrungen gemacht: Der Uni-Professor, der Ihrer großartigen Idee gar nicht zuhörte, weil es... unmöglich war! Außer Frage stand! Er wußte bereits alles besser, denn er hatte sich schließlich schon seit Jahren damit beschäftigt und damit seinen Doktor gemacht. Er war der große Experte! *Doch sobald man meint, alles zu wissen, hört man auf zu lernen.* Die Tür für neue Informationen oder eine Meinungsänderung wird zugeschlagen, mit dem Lernen ist Schluß. Es ist kein Platz mehr für neue Informationen, die das bereits Bekannte in Frage stellen könnten.

Neue Theorien, die gewisse Phänomene einmal anders erklären als sonst üblich, brauchen oft Jahre, um gehört zu werden, und ihre Verfechter sind sogar Verfolgungen ausgesetzt. Man denke nur an Galilei und Kolumbus! Expertenköpfe verlangsamen den Evolutionsprozeß, da sie allem neuen Widerstand entgegensetzen. Wir alle haben dieses Experten-Denken in uns.

Zen und die Kunst, Anfänger zu sein

Dieses Konzept des Anfänger- und Experten-Verstandes kommt eigentlich aus dem Zen, kann aber ohne große Schwierigkeiten auf die Intuition übertragen werden. Die folgende Geschichte eines Gelehrten, der bei einem Zen-Mönch lernen wollte, verdeutlicht dies:

Dieser Mann ging zu dem Zen-Mönch und erzählte ihm von seinem Wunsch, Zen zu lernen. Der Mönch lud ihn zum Teetrinken ein. Währenddessen redete der Mann weiter und weiter, um den Mönch mit seinem Wissen zu beeindrucken. Er sprach davon, wie wichtig es für ihn wäre, Zen zu lernen, und wieviel er bereits über andere Religionen wußte; unterdessen schenkte der Mönch ihm Tee ein.

Und als die Tasse voll war, goß der Mönch einfach weiter. Die Tasse lief über, und der Mann fragte den Mönch, was das denn sollte. Der Mönch antwortete, daß der Geist des Mannes wie diese Tasse war. Er floß über vor lauter Wissen. Wie konnte er erwarten, daß er bei dem Mönch noch etwas dazulernen könnte, wenn in seinem Geist gar kein Platz für noch mehr Wissen war? »Bevor wir etwas lernen können«, sagte der Mönch, »muß unser Geist leer sein.«

Der Anfänger-Geist ist der leere Geist. Wir tun damit alles so, als sei es das erste Mal, mit der entsprechenden Frische und Aufmerksamkeit. Und es ist ja auch tatsächlich das erste Mal: das erste Mal an diesem Tag und in einem bestimmten Alter, so, wie es nie wieder sein wird.

Mit diesem Anfänger-Geist können wir die Schönheit eines jeden Augenblicks erst richtig schätzen, sind aufmerksam bei der Sache, selbst wenn wir das Geschehen schon tausendmal erlebt haben. Wie schaffen es Schauspieler oder Sänger, eine Show am Broadway tausendmal aufzuführen, acht- bis zehnmal die Woche, und doch jedesmal das Gefühl von Frische und Neuheit zu vermitteln? Sie denken immer daran, daß sie das erste und wohl auch einzige Mal vor genau diesem Publikum auftreten, und deshalb ist es auch für sie das erste Mal.

Der Anfänger-Geist im Alltag

Nur mit einem solchen Anfänger-Geist können wir die alltägliche Routine erfolgreich bewältigen. Wie können all diejenigen, die jeden Tag zur gleichen Arbeit gehen, am gleichen Platz arbeiten, es jedesmal zu etwas Neuem machen? Ist das nicht zuviel verlangt? Es erfordert tatsächlich viel, denn dann müssen wir unser Leben voll und ganz leben, dann zählt jeder Augenblick, und dann müssen wir präsent im Hier und Jetzt leben.

Wir sind dann selbst dafür verantwortlich, daß unser Leben interessant ist. Das Leben ist nicht unser Entertainer, sondern nur wir können unseren Geist für die erregende Neuheit offen machen, die einfach da ist – jeden Tag, selbst wenn wir das alles schon tausendmal gemacht haben.

Das Schöne ist: Jeder kann das! Man braucht dazu weder jahre-
lange Studien, noch sind diese Studien ein Hindernis auf diesem
Weg. Das einzige, was zählt, ist die Bereitschaft, jedesmal einfach
unseren Geist für den gegenwärtigen Augenblick zu öffnen.
Anstatt davon auszugehen, daß dieser Montag wie alle anderen
Montage verlaufen wird, lenken Sie Ihre Aufmerksamkeit auf das
Datum. Es ist der einzige Montag, der 28. Februar 1994, es wird nie
einen zweiten geben!

Seien Sie deshalb offen für das, was dieser Tag Ihnen gibt, und
was *Sie* diesem Tag geben können.

Der Anfänger-Geist im Hier und Jetzt

Für den Zustand des Anfänger-Geistes müssen wir im Hier und
Jetzt leben. Wenn wir zu sehr mit der Vergangenheit beschäftigt
sind und davon ausgehen, daß sich die Vergangenheit wiederholt,
wird genau das passieren! Wie langweilig wird das sein! Mit der
Zukunft ist es genauso. Sich immerzu mit der Zukunft beschäftigen, bedeutet nichts anderes als die Hoffnung auf oder Angst vor
einer Wiederholung der Vergangenheit.

Das soll natürlich nicht heißen, daß Ziele oder eine gewisse
Ausrichtung im Leben überflüssig sind. Wir können bestimmte
Ziele haben und dennoch in der Gegenwart leben. Ich rede über
jenen Zustand, in dem die Gegenwart, das, was wir jetzt gerade tun,
von dem Gedanken an die Vergangenheit und die Zukunft »aufge-
fressen« wird.

Eine Bekannte von mir hatte zum Beispiel eine Arbeit, die sie
nicht ausstehen konnte. Es war so schlimm, daß sie davon krank
wurde; immer war sie müde, gelangweilt und frustriert. Der Job
war einfach nichts für sie, und eine besondere Herausforderung
stellte er auch nicht dar. Sie erledigte die anfallende Arbeit auch
nicht besonders gut. Doch meine Freundin redete immerzu davon,
was eines Tages sein würde. Dieser Job würde sie in die Position
bringen, die sie wirklich wollte.

Und was passierte? Sie bekam tatsächlich diesen Job, den sie sich
vorgestellt hatte. Und es war überhaupt nicht das, was sie sich
davon versprochen hatte! Er war genausowenig etwas für sie wie

der alte. Sie hatte die Gegenwart für eine noch unbestimmte Zukunft auf's Spiel gesetzt – was für eine Verschwendung!

Chancen für den Anfänger-Geist

Wir alle müssen zur Erleichterung unserer Ziele Dinge tun, die nicht unbedingt zu unseren Lieblingsbeschäftigungen zählen. Wir fällen Entscheidungen und Urteile unter Berücksichtigung dessen, was für uns wichtig ist. So ist Geschirrspülen nicht gerade mein Hobby, aber ich mache es. Und manchmal habe ich gar keine Lust, mit dem Hund spazierenzugehen, aber es muß halt sein. Bei solchen Gelegenheiten können wir gut den Anfänger-Geist üben.

Der Anfänger-Geist bringt uns jedesmal in die Gegenwart zurück und kann immer eine Hilfe sein. Das heißt nicht, daß wir die Vergangenheit einfach vergessen, sondern vielmehr, daß wir die Gegenwart in den Mittelpunkt stellen und Vergangenheit und Zukunft gegebenenfalls mit einbeziehen, uns aber nicht davon überwältigen lassen.

Bei meiner Freundin lag die Sache so, daß sie für die Zukunft lebte – ein Zustand, in dem wir immerzu auf das große Ereignis warten, das unser Leben verändert, und deshalb den Rest unseres Lebens in »Warteposition« verbringen, bis »es« passiert. Hätte meine Freundin die Haltung des Anfänger-Geistes eingenommen, wären ihr zumindest zwei Möglichkeiten klar geworden. Entweder sie hätte ihren Job genießen und daraus das Beste machen können, oder sie hätte erkannt, daß es reine Zeitverschwendung war und sich nach etwas anderem umgesehen. Es hätte natürlich auch etwas völlig anderes geschehen können. Was der Anfänger-Geist bewirkt, weiß man nie!

In der Gegenwart leben heißt einsehen, daß das Geschirr gespült werden muß oder der Hund Auslauf braucht, und es eben in Angriff nehmen, und zwar mit so viel Spaß wie möglich und offen für das, was »ansteht«.

Intuition und die Gegenwart

Das Verständnis des Anfänger- und Experten-Geistes ist für den Zugang zur Intuition sehr wichtig. Wenn wir immer schon wissen, was und wie es passieren muß und die gegenwärtige Situation einfach »ausblenden«, sind wir nicht offen genug, um auch einmal andere Möglichkeiten in Betracht zu ziehen.

Richard Haupt, der zu Beginn dieses Kapitels zitiert wurde, mußte seinen Experten-Verstand und den all der anderen »Experten« loslassen, um etwas Neues ausprobieren zu können. Das erforderte unglaublich viel Mut und Risikobereitschaft und auch eine Menge Geld. Unser Experten-Verstand blockt solche neuen, kreativen Ansätze ab. Was nicht in das alte Schema paßt, wird abgetan: »Vergiß es. Das funktioniert eh nicht.«

Intuition ist *immer* in der Gegenwart und erlaubt es uns, alte Situationen neu anzugehen. Um das zu ermöglichen, müssen wir unseren Experten-Verstand in seine Schranken weisen.

Der Anfänger-Geist hält uns in der Gegenwart

Fassen wir noch einmal zusammen: Jeder hat sowohl einen Experten- als auch einen Anfänger-Geist in sich. Unsere Aufmerksamkeit entscheidet, welchen wir gerade benutzen. Der Experten-Verstand lebt in der Vergangenheit und in der Zukunft, er richtet seine Aufmerksamkeit auf bereits Geschehenes und das, was – auf der Grundlage dieser vergangenen Erfahrungen – wahrscheinlich in Zukunft passiert.

Der Anfänger-Geist dagegen bleibt in der Gegenwart. Für ihn ist jedesmal das erste Mal. Dadurch werden neue Einsichten und Ansätze möglich. Kreativität und Neuerungen sind dabei etwas Spontanes, und auch die Intuition spielt hierbei eine Rolle. Denn um auf unsere Intuition hören zu können, müssen wir offen sein für das, was angemessen ist, ohne uns auf das zu verlassen, was schon tausendmal vorher unternommen wurde und »immer« richtig ist.

Während unser Experten-Verstand für die Intuition eher ein Hindernis darstellt, ist der Anfänger-Geist offen für das, was sie uns mitteilen will.

Für diese Woche gibt es drei Hauptübungen. In der ersten soll der Anfänger-Geist gestärkt werden. Wir finden heraus, wie wir ihn »einschalten« und den Experten-Verstand »ausschalten« können. Die zweite Übung hilft uns, uns von der Vergangenheit und der Zukunft zu lösen, so daß wir uns auf die Gegenwart konzentrieren können. In der dritten Übung schließlich lernen wir, in schwierigen Situationen beziehungsweise mit schwierigen Leuten eine neutrale Haltung einzunehmen. In allen Übungen ist die Aufmerksamkeit das wesentliche Element. Wenn wir uns dabei ertappen, daß wir uns langweilen, können wir das Ganze einfach umdrehen und nach den interessanten Dingen Ausschau halten. Haben wir die dafür nötige Bewußtheit nicht, fühlen wir uns sehr schnell »in der Falle« und als Opfer der Umstände.

Unser Körper ist immer präsent; der Geist dagegen kann »auf Reisen« gehen – er erinnert sich an Vergangenes und macht sich Gedanken um die Zukunft. Wir können in Gedanken jemanden »besuchen« oder uns an einen anderen Ort begeben.

Unser Körper dagegen lebt immer in der Gegenwart. Er kann sich nicht einfach »verdrücken«. Deshalb ist der Gedanke an unseren Körper – an Zehen, Arme etc. – oder die Konzentration auf die Atmung ein gutes Mittel, uns von der Vergangenheit und Zukunft zu lösen und präsent, im Hier und Jetzt, zu sein.

---------------- ✳ ----------------

Übung 14
Der Anfänger-Geist

1. Tag: Denken Sie für ein paar Augenblicke über Ihren Experten- und Ihren Anfänger-Verstand nach. Spüren Sie den Unterschied? Wie verhält sich Ihr Experten-Verstand in einer bestimmten gegenwärtigen Situation? Wie geht Ihr Anfänger-Geist damit um? Stellen Sie sich vor, Sie hätten einen Schalter zur Verfügung, mit dem Sie Ihren Experten-Verstand ab- und Ihren Anfänger-Verstand einschalten können. Spielen Sie mit diesem Schalter herum und machen Sie sich die Veränderungen bewußt. Dann gehen Sie mit Ihrem Anfänger-Verstand eine Ihrer täglichen Aufgaben an und schreiben Ihre Gedanken und Erfahrungen in Ihr Tagebuch.

2. bis 5. Tag: Notieren Sie mehrere Lebensbereiche, in denen Sie sich kompetent fühlen. Was wissen Sie darüber und wie gehen Sie mit entsprechenden Situationen um? Schreiben Sie die wichtigsten Punkte auf und nehmen Sie sich einen dieser Bereiche vor, mit dem Sie auch jetzt gerade zu tun haben – zum Beispiel eine Situation im Privat- oder Arbeitsleben, wo Sie Ihr (Experten-)Urteil abgeben sollen.

Ich möchte Sie nun bitten, sich dieses Mal jemanden auszusuchen, der in dem entsprechenden Bereich kein »Experte« ist, und mit ihm darüber zu reden. Erklären Sie ihm/ihr die Situation und bitten Sie ihn/sie um seine/ihre Meinung oder einen guten Rat. Stimmen Sie Ihren Anfänger-Geist darauf ein. Seien Sie beim Zuhören so offen wie möglich und beziehen Sie die Ideen dieses »Anfängers« in Ihre Überlegungen mit ein. Können Sie dabei vielleicht über etwas Bekanntes noch etwas Neues lernen?

---------------- ✽ ----------------

Übung 15
Vergangenheit und Zukunft loslassen

3. und 4. Tag: *Setzen Sie sich bequem hin und nehmen Sie sich circa 15 Minuten Zeit für die Übung. Beim Einatmen nehmen Sie leuchtende, glitzernde Energie voller Vitalität in sich auf. Mit dem Ausatmen lösen Sie sich von allen Anspannungen und Gedanken des Tages. Gehen Sie wieder zu dem Ort, an dem Sie Ihrer Intuition das erste Mal begegnet sind. Können Sie Veränderungen wahrnehmen? Möchten Sie etwas daran verändern?*

Suchen Sie sich einen Platz zum Hinsetzen und Entspannen. Machen Sie es sich dort bequem und genießen Sie die friedliche und heitere Stimmung.

Atmen Sie tief ein und aus und stellen Sie sich vor, daß der Teil von Ihnen, der sich immer mit der Vergangenheit beschäftigt, aus Ihnen herausfließt und freigesetzt wird. Er sammelt sich und nimmt eine Form an, vielleicht nur sehr vage und fast wie Rauch, oder auch sehr fest und klar umrissen. Konzentrieren Sie sich darauf, wirklich alles Vergangenheitsorientierte herauszulassen. Wie fühlt es sich an, ein paar Augenblicke lang die Vergangenheit los zu sein?

Nun machen Sie das gleiche mit dem Teil von Ihnen, der auf die Zukunft gerichtet ist: Er tritt aus und sammelt sich auf der anderen Seite. Wie sieht seine Form aus?

Wie fühlt es sich an, für ein paar Augenblicke die Zukunft los zu sein?

Nun konzentrieren Sie sich kurz auf die Vergangenheit und die Zukunft, die sich nun außerhalb befinden. Wie fühlen sich beide an? Welcher Teil ist stärker, klarer geformt, schwerer? Mit den Händen stoßen Sie gegen die Vergangenheit und die Zukunft, um sicherzugehen, daß sie sich wirklich außerhalb befinden.

Konzentrieren Sie sich jetzt auf die Gegenwart, auf das, was noch in Ihnen ist. Wie fühlt es sich an, ganz präsent zu sein?

Denken Sie nun an eine Situation, die Ihnen Sorgen macht. Wie würden Sie diese Situation jetzt, in diesem Augenblick, angehen? Wieviel davon hat mit der Vergangenheit oder der Zukunft zu tun? Setzen Sie sich mit der augenblicklichen, gegenwärtigen Perspektive auseinander.

Was lernen Sie dabei über die Situation, welche neuen Möglichkeiten eröffnen sich Ihnen? Nehmen Sie sich Zeit, über das Gelernte nachzudenken. Sobald Sie fertig sind, nehmen Sie soviel von der Vergangenheit und der Zukunft wieder auf, wie Sie möchten. Der Rest bleibt draußen.

Sie schicken sich nun an, diesen Ort wieder zu verlassen. Atmen Sie ein paarmal tief durch und öffnen Sie dann die Augen. Ihre Erfahrungen notieren Sie in Ihrem Tagebuch.

--------------- ✳ ---------------

Erfahrungen

Diese Übung führt meist zu sehr interessanten Ergebnissen. So erlebte zum Beispiel ein Kursteilnehmer die Vergangenheit als dunkle Wolke, die ihn immer wieder an sich zog. Auch die Zukunft – in Form einer hellen Wolke – versuchte, ihn (diesmal nach vorne) zu ziehen. Die Situation, die ihn beunruhigte, war von der Vergangenheit überschattet. Als er in der Gegenwart bleiben konnte, tat sich für ihn eine Lösung auf, die mit seiner Angst, die Vergangenheit könnte sich wiederholen, nichts zu tun hatte.

Eine andere Teilnehmerin wurde von der Zukunft beherrscht, die für sie immer strahlender war als die Gegenwart. Nichts kam dieser strahlenden, wunderbaren Zukunft gleich, und so war die Gegenwart eine einzige Enttäuschung. Als sie sich für ein paar Augenblicke von der Zukunft befreien konnte, war ihre Gegenwart voller Chancen und Möglichkeiten, die sie genießen konnte, ohne auf die Zukunft warten zu müssen.

4. und 5. Tag: Üben Sie, präsent zu sein, und machen Sie sich mit Ihrem Anfänger-Geist vertraut.

Neutralität üben

6. Tag: Der Anfänger-Geist kann auch ein neutraler Geist sein. Die folgende Übung ist vor allem dann hilfreich, wenn unsere emotionalen und intellektuellen Reaktionen uns an bestimmte Verhaltensmuster ketten oder dieses Verhaftetsein den Zugang zur intuitiven Wahrnehmung erschwert.

Für diese Übung sollten Sie an jemand denken, der Ihnen »auf die Nerven geht«, denn bei solchen Leuten neutral zu bleiben, ist ganz besonders schwierig.

Zuerst sollten Sie dabei an eine »Nervensäge« denken, die Ihnen nicht allzu nahe steht. Fast jeder kennt das: Wir wissen nicht einmal genau, warum diese Person uns so auf den Geist geht. Ihre Art zu gehen, zu reden, sich zu kleiden, sich zu bewegen nervt uns einfach, und unsere Gefühle dabei stehen einer guten Kommunikation ständig im Weg. Denken Sie an eine solche Person und machen Sie es sich dann bequem.

———————— ✳ ————————

Übung 16
Neutralität üben

Schließen Sie die Augen und atmen Sie tief durch, um sich zu entspannen.

Die Person sitzt nun vor Ihnen. Dabei nehmen Sie so viele Einzelheiten wie möglich wahr: die Augen, das Haar, die Kleidung, die Körperhaltung – alles ist wichtig.

Sie sollten wirklich das Gefühl haben, daß diese Person vor Ihnen sitzt. Falls es mit dem Visualisieren nicht so gut klappt, ist das nicht schlimm. Spüren Sie einfach ihre Präsenz. Wie fühlen Sie sich dabei?

Nun stellen Sie sich vor, daß sich zwischen Ihnen eine Glaswand befindet, so dick, daß Sie auf diese Person nicht wie gewöhnlich reagieren können. Sie können sich nur gegenseitig sehen und Ihre Reaktionen beobachten.

Dieses Bild sollten Sie sich fest einprägen: die Person hinter einer dicken Glaswand. Dann stellen Sie neben die Person ein Thermometer, so daß Sie sowohl die Person als auch das Thermometer gut sehen können. Dieses Thermometer zeigt Ihre normale Reaktion auf diese Person an. Steigt die Flüssigkeitssäule, steigt auch Ihre Emotion: Sie werden wütend, wollen kritisieren, verlieren Ihre Neutralität. Ist das Thermometer unten, sind Sie neutral und können die Person klar wahrnehmen. Am besten geben Sie der Flüssigkeit im Thermometer eine lebhafte Farbe, zum Beispiel Rot.

Nun schauen Sie sich die Person ein paar Augenblicke an, mit neutraler Haltung. Was ist nötig, damit Sie nicht so stark reagieren oder anfangen zu verurteilen? Wenn Sie es schaffen, können Sie nun auf die Person ganz eingehen, aber immer noch neutral reagieren.

Was regt Sie an der Person so auf? Was möchten Sie Ihr mitteilen? Wie reagiert Ihr Thermometer, wenn Sie versuchen, dieser Person das mitzuteilen? Steigt die »Temperatur«? Oder können Sie dabei neutral bleiben? An wen erinnert Sie die Person? Welche Erinnerungen werden ausgelöst?

Beobachten Sie die Person nun neutral und überlegen Sie, was sie Ihnen mitteilen möchte und warum das so schwierig ist. Wie sieht sie Sie dabei?

Danken Sie der Person dafür, daß sie die Übung mit Ihnen gemacht hat.

Lassen Sie ihr Bild und das Glas langsam verblassen.

Atmen Sie bewußt. Was haben Sie über sich, die Person und über Ihre Fähigkeit zur Neutralität gelernt?

Wenn Sie damit fertig sind, öffnen Sie die Augen und schreiben das Erlebte in Ihr Tagebuch.

———————— ✳ ————————

Manchmal passiert es in meinen Seminaren, daß jemand bei dieser Übung keine neutrale Haltung einnehmen kann. Er/sie erkennt zwar, wie wütend er/sie ist, kann diese Wut aber nicht hinter sich lassen. Wenn Sie diese Erfahrung machen, sollten Sie sich eine andere Person für diese Übung wählen, jemand, der Sie ein bißchen weniger nervt.

Für andere Teilnehmer war diese Übung eine Offenbarung. Zum ersten Mal konnten sie hören, was die Person ihnen mitteilen wollte, selbst wenn deren Art der Kommunikation nicht sehr effektiv war.

Erfahrungen

So wurde einer Seminarteilnehmerin klar, daß eine ihrer Angestellten Anerkennung von ihr wollte. Diese Anerkennung versagte sie ihr, weil sie ihr selbst auch immer versagt geblieben war und sie es trotzdem geschafft hatte. Für sie war dieses Bedürfnis nach Anerkennung eine Schwäche. Aber sie hielt nicht nur mit Lob zurück, sondern kritisierte sie auch unnötig hart. Als ihr das bewußt wurde und sie der Angestellten die verdiente Anerkennung zukommen ließ, blühte diese richtig auf und wurde zu einer engagierten, hart arbeitenden Stütze für die Firma.

Ein anderer Schüler war mit einer Frau eine Art Beziehung eingegangen, um sich nicht so allein zu fühlen. Er wollte keine tiefere Beziehung und ging davon aus, daß ihr das klar war und sie auch nicht mehr wollte. Dennoch hatte er sich mit der Zeit von ihr distanziert.

In der Übung wurde ihm klar, daß sie wegen dieser Distanz sehr wütend auf ihn war. Sie wollte eine tiefere Beziehung und nahm an, er wollte das gleiche. Und deshalb war es für sie unverständlich, daß er sich immer dann zurückzog, wenn sich echte Nähe entwickelte. Ihm wurde auch bewußt, daß er ihre Gesellschaft brauchte und daß er sie als Freundin sehr gern hatte. Diese Freundschaft wollte er nicht aufs Spiel setzen. Er befürchtete, sie zu verlieren, wenn er ihr nicht die große Liebe vorspielen würde. Aber es wurde ihm auch klar, daß er ein ehrliches Gepräch mit ihr führen mußte, ihr sagen mußte, wieviel sie ihm bedeutete und sie ihre Entscheidung über Freundschaft und Beziehung treffen lassen mußte.

Diese Erfahrung war für ihn nicht sehr angenehm, erleichterte ihn aber sehr, da er endlich seine wahren Gefühle zeigen konnte.

Variation: Ersetzen Sie die Person durch eine Situation, zum Beispiel bei der Arbeit, zu Hause, in der Familie. Dadurch können Sie Ihr Verhältnis zu dieser Situation einmal aus einem anderen Blickwinkel betrachten. Denken Sie daran, alles in Ihrem Tagebuch aufzuschreiben.

7. Tag: Denken Sie für einen Moment über Ihr Leben nach: Was möchten Sie erleben? Was haben Sie erlebt? Sind Sie bereit, sich für Ihre Wünsche einzusetzen? Wie sehr fühlen Sie sich durch die Umstände eingeschränkt? Fragen Sie Ihre Intuition, wie Sie das erreichen könnten. Seien Sie auch den dabei vorhandenen Risiken gegenüber offen – sowohl emotional als auch körperlich und finanziell. Notieren Sie alles in Ihrem Tagebuch.

Intuition und Einstellung

Inzwischen dürfte es klar sein, daß das Beachten der Intuition eine bestimmte Lebenseinstellung erfordert und fördert. Es setzt voraus, daß wir in unserem Leben eine aktive Rolle spielen, aktiv die Verantwortung für unser Leben übernehmen, anstatt uns als passive Opfer zu fühlen.

Je mehr wir uns diesen Möglichkeiten öffnen, desto weniger lassen wir uns von »normalen« Verhaltensweisen einschränken. Leben mit unserer Intuition heißt auch, das Leben auf unsere ureigene Art zu leben. Das bedeutet nicht, daß wir gegen alles und jeden sind, sondern vielmehr, daß wir unseren ganz persönlichen, kreativen, intuitiven Weg gehen, so wie es alle erfolgreichen Menschen tun. Ich kenne keinen erfolgreichen Menschen, der nur mit »angelerntem« Wissen Erfolg hatte und so lebte, wie »man« es von ihm erwartete.

»Angelerntes Wissen« kontra Intuition

Sie sollten jetzt natürlich nicht andere betrügen und die Gesetze verletzen. Aber wenn Sie diesen Weg gehen, müssen Sie den risikofreudigen Menschen folgen, die stereotypen Vorstellungen von dem, was sie tun können oder lassen sollten, durchbrechen. Falls es irgend jemanden gibt, der so ein angelerntes »Bilderbuch«-Leben geführt hat und dabei glücklich und erfolgreich war, würde ich gerne davon wissen. Schreiben Sie doch bitte an meinen Verleger!

Ich habe persönlich viele Studien über erfolgreiche Menschen durchgeführt. Erfolgreich ist dabei nicht unbedingt mit finanziellem Erfolg gleichzusetzen. Erfolgreiche Menschen sind für mich vielmehr jene, die mit ihrem Leben voll und ganz zufrieden sind, wobei das Finanzielle eine Rolle spielen mag, aber nicht ausschlaggebend ist.

Es ist eine Tatsache, daß Menschen mit erhöhter intuitiver Sensibilität unabhängiger und kreativer denken und agieren. Studien belegen, daß es einen Zusammenhang zwischen geschäftlichem Erfolg und dem Einsatz der Intuition gibt.

Dr. Weston H. Agor hat einen Test entwickelt, mit dem Managementstil, intuitives Potential (sei es bewußt oder unbewußt) eingeschätzt und ein bestimmter »Managementtyp« herausgefunden wird. In seinem Buch *Intuitive Management* schreibt er: »Intuition scheint eine Fähigkeit zu sein, die um so stärker ausgeprägt ist, je höher man die ›Karriereleiter‹ erklommen hat. In *jeder* Testgruppe erzielten die Top-Manager bessere Ergebnisse als die Manager der mittleren und unteren Führungsebene, wenn es um die *zugrunde-liegende Fähigkeit* ging, bei der Entscheidungsfindung die Intuition einzusetzen.«

III
Aktiv werden

Kapitel 8
Die Intuition anwenden
7. Woche

Der letzte Akt von geschäftlicher Beurteilung ist intuitiv.
– Alfred P. Sloan –

In der kommenden Woche wollen wir die Beziehung zu unserer Intuition noch mehr stärken. Es gilt, einen todsicheren Weg zu finden, jede Lebenssituation intuitiv empfinden zu können.

Dazu müssen wir eine unmittelbare intuitive Reaktion entwikkeln, die man weder falsch beurteilen noch einfach ignorieren kann. Alle normalen analytischen Denkprozesse werden dabei umgangen, um direkt zu unseren automatischen Impulsen zu gelangen. Im folgenden werden drei verschiedene Ansätze erklärt. Probieren Sie sie aus und wählen Sie sich dann einen aus.

——————— ✳ ———————

Übung 17
Die Ampel

1. Tag: Wie sieht Ihre automatische Reaktion auf eine rote Verkehrsampel aus?

Wie sieht Ihre automatische Reaktion auf eine gelbe Verkehrsampel aus?

Wie sieht Ihre automatische Reaktion auf eine grüne Verkehrsampel aus?

Selbst Kinder, die nicht Auto fahren können, haben irgendwie gelernt, bei Rot automatisch anzuhalten, bei Gelb zu warten und bei Grün weiterzugehen. Dies geschieht ganz automatisch, ohne daß sie darüber nachdenken.

Diese automatische Reaktion ist für unser Intuitionstraining sehr nützlich. Wir können uns eine solche Ampel vorstellen und sie in jeder Situation um Rat fragen. Wie geht's weiter? Rot, Gelb oder Grün? Rot heißt immer: Stopp, nicht weitergehen, bevor die Situation neu eingeschätzt worden ist. Es ist höchste Vorsicht angebracht.

Gelb heißt immer: Abwarten, geduldig sein und, falls man weitermachen will, vorsichtig zu Werke gehen. Gehen Sie langsam vor und nehmen Sie alle Aspekte der Situation noch einmal genau unter die Lupe, bevor Sie fortfahren.

Grün heißt immer: Weitermachen. Alles ist in Ordnung. Machen Sie weiter wie bisher. Gehen Sie, machen Sie weiter, werden Sie aktiv.

Aufwärmübung

Denken Sie ein paar Augenblicke lang über die Vergangenheit nach, über das, was Sie in Ihrem Leben geleistet haben. Können Sie sich daran erinnern, wann Sie »grünes Licht« gebraucht haben, um weitermachen zu können? Was half Ihnen, am Ball zu bleiben? Gab es auch Zeiten mit »gelbem Licht«? Sind Sie dann tatsächlich »auf die Bremse« getreten, um alles noch einmal zu überdenken oder die Richtung zu ändern? Wie haben Sie entschieden, was Sie unternehmen und wann Sie weitermachen wollten?

Schreiben Sie diese Erinnerungen in Ihr Tagebuch.

Natürlich haben Sie damals keine »Ampel« vor Augen gehabt, und das wird auch diesmal nicht unbedingt der Fall sein, obwohl Sie nun diesen Trick kennen. Die Vorstellung von der Ampel soll Ihnen nur helfen, unbestimmte intuitive Empfindungen zu definieren und klarer zu sehen. Es kann Ihnen passieren, daß Sie sich bei einem Projekt oder einer neuen Beziehung *plötzlich nicht mehr wohlfühlen*. Mit Hilfe der Ampel können Sie dieses Gefühl bestimmen, können sich darüber klar werden, ob es einer grünen, roten oder gelben Ampel entspricht. Das wird Ihnen helfen, das vage Gefühl zu charakterisieren und entsprechende Schritte einzuleiten.

Ich weiß noch gut, wie mein Mann und ich unser Haus kaufen wollten. Wir waren uns nicht ganz sicher, ob wir es uns überhaupt leisten konnten. Und immer wenn wir nicht mehr wußten, ob wir weitermachen sollten, nahmen wir die Ampel zu Hilfe.

Selbst in den schwärzesten Augenblicken stand die Ampel immer auf Grün. Und so blieben wir dabei, und es klappte auch. Mein ungutes Gefühl war meine eigene Unsicherheit. Meine Intuiton dagegen wußte, daß es richtig war und daß alles gutgehen würde.

Erinnern Sie sich nun an einen Mißerfolg in Ihrem Leben, eine Situation, in der Sie – Ihrer Meinung nach – versagt haben. Rufen Sie sich dieses Ereignis noch einmal ins Gedächtnis und schreiben Sie es auf. Stand die Ampel vielleicht auf Gelb, und Sie haben das nicht wahrhaben wollen? Haben Sie ein ungutes Gefühl einfach ignoriert? Wann genau sprang die Ampel auf Rot? An welchem Punkt wußten Sie, daß Sie das Ganze aufgeben sollten, daß Sie in einer Sackgasse gelandet waren? Und was können Sie im nachhinein aus dieser Geschichte lernen? Schreiben Sie alles, was Ihnen dazu einfällt, in Ihr Tagebuch.

Hauptübung

Stellen Sie sich vor, daß Sie aus den Augenwinkeln eine Verkehrsampel sehen können, nicht voll im Blick, sondern eher auf einer Seite. Sie sollten diese Ampel klar spüren können. Dann denken Sie an eine aktuelle Situation in Ihrem Leben. Überprüfen Sie die Ampel. Zeigt sie Rot, Grün oder Gelb? Was bedeutet das für Sie?

Spielen Sie das gleiche mit verschiedenen Situationen durch.

Sie sollten mindestens zwei Tage mit der Ampel arbeiten und jede Situation testen, selbst wenn Sie bereits genau wissen, wie Sie vorgehen wollen.

Test: Überprüfen Sie Ihre Emotion. Jagt Ihnen eine bestimmte Situation mit einer bestimmten Ampelfarbe Angst ein? Sind Sie emotional einem bestimmten Ausgang der Ereignisse verhaftet? Dann sollten Sie die Neutralitätsübung aus Kapitel 6 noch einmal machen.

Eine meiner Studentinnen schrieb: »Ich liebe die Ampel. Das Hören auf meine Intuition ist durch sie viel einfacher und klarer geworden. Nur mit dem gelben Licht habe ich noch Probleme. Irgendwie kann ich mich damit nicht anfreunden. Ich mag Gelb nicht, weil ich nicht gerne abwarte, und deshalb will ich es nicht sehen. Rot und Grün sind wunderbar, ich weiß, wo ich stehe. Aber Gelb scheint die Situation unklar zu machen, und das einzige, was ich tun kann, ist warten.«

Die Ampel-Übung brachte also ihre Ungeduld ans Licht. Sie fand heraus, wo ihre Schwäche lag, und konnte dann entsprechende Schritte unternehmen, um ihre Geduld zu stärken oder zumindest besser mit ihrer Ungeduld leben zu können und sie in ihrem Leben als wichtigen Faktor zu berücksichtigen.

Vergessen Sie nicht, daß die Ampel Ihnen helfen soll, Ihre intuitiven Gefühle zu definieren. Vielleicht sehen Sie nie spontan eine Ampel, aber Sie werden das damit verbundene Gefühl wahrnehmen und mit Hilfe der Ampel genauer definieren können.

———————— ✳ ————————

Übung 18
Das Geräusch

3. und 4. Tag: Diese Übung sollten Sie wieder an Ihrem speziellen »Intuitionsplatz« machen, um zwischen einem Geräusch und Ihrer Intuition eine Verbindung zu schaffen, so daß das Geräusch Ihnen immer anzeigen kan, daß Ihre Intuition mit Ihnen kommunizieren will, nicht nur während der Übung.

Setzen Sie sich bequem hin und atmen Sie tief durch. Dann gehen Sie an den »Intuitionsplatz«, den Ort, an dem Sie Ihrer Intuition zum ersten Mal begegnet sind. Inzwischen geht dies ganz natürlich und schnell. Wenn Sie dort angekommen sind, schauen Sie sich um. Hat sich etwas verändert? Möchten Sie vielleicht etwas ändern oder hinzufügen? Dann tun Sie das jetzt. Laden Sie Ihre Intuition zu sich ein und begrüßen Sie sie. Ihre Intuition hilft Ihnen nun, zwischen sich, Ihnen – in Ihrem jetzigen empfänglichen Zustand – und Ihrem alltäglichen Bewußtsein eine Verbindung zu schaffen. Denken Sie nun an eine Situation, in der alles schieflief. Wie hat sich das angefühlt? Hören Sie jetzt gut zu, denn Ihre Intuition wird ein Geräusch oder ein Wort hervorbringen.

Das kann ein Ton sein – tief, hoch oder in der Mitte, vielleicht eine vertraute Melodie oder ein vertrauter Satz. Genausogut kann es sehr geräuschvoll sein, zum Beispiel ein Donnern oder ein Zusammenstoß. Nehmen Sie das Geräusch tief in sich auf, die ganze Umgebung soll mit ihm schwingen.

Dann lassen Sie die Umgebung wieder zur Ruhe kommen.
Nun rufen Sie sich eine Situation ins Gedächtnis, in der Sie warten
und geduldig sein mußten. Wie fühlten Sie sich dabei? Lassen Sie
Ihre Intution dazu ein Geräusch hervorbringen. Wieder kann es ein
Ton, eine Melodie, ein Satz oder ein Wort sein oder auch Krach.
Auch dieses Geräusch sollte Sie und die Umgebung ganz durchdrin-
gen. Dann wird die Umgebung wieder still. Als nächstes stellen Sie
sich eine Situation vor, in der Sie weitermachen mußten, wo Taten
angesagt waren. Welches Gefühl stellt sich dabei bei Ihnen ein?
Wieder produziert Ihre Intuition ein dazugehöriges Geräusch
oder Wort, das Sie und die Umgebung in sich aufnehmen.
Nun probieren Sie diese Übung mit einer aktuellen Situation aus
Ihrem Alltag. Welches Geräusch geht damit einher? Was wollen
dieses Geräusch und Ihre Intuition Ihnen mitteilen?
Lassen Sie jetzt alle Geräusche wieder los und lauschen Sie auf die
Stille. Danken Sie Ihrer Intuition und atmen Sie ein paarmal tief
durch. Wenn Sie sich bereit fühlen, öffnen Sie die Augen und schrei-
ben Ihre Erfahrungen in Ihrem Tagebuch nieder.
Test: Überprüfen Sie Ihre Emotionen. Jagt Ihnen eine bestimmte
Situation mit einem bestimmten Geräusch Angst ein? Sind Sie
einem bestimmten Ausgang emotional verhaftet? In diesem Fall
sollten Sie die Neutralitätsübung aus Kapitel 6 wiederholen.
Bei dieser Übung hören Sie vielleicht automatisch das Geräusch
oder das Wort, und dann spüren Sie, was Ihre Intuition Ihnen sagen
will. Es kann auch sein, daß Sie dazu ein paar Augenblicke lang die
Augen schließen, um wegen einer bestimmten Situation um Rat zu
fragen und auf das Geräusch zu hören. Wie auch immer – Sie haben
jetzt eine Verbindung zwischen Ihrer Intuition und Ihrem Bewußtsein geschaffen.

———————— ✳ ————————

Übung 19
Das Spüren

5. und 6. Tag: Für diese Übung gilt im Prinzip das gleiche wie für
die vorhergehende; sie richtet sich allerdings mehr an Menschen mit
starkem Visualisierungsvermögen.

Setzen Sie sich bequem hin und atmen Sie tief durch. Dann gehen Sie an den »Intuitionsplatz«, den Ort, an dem Sie Ihrer Intuition zum ersten Mal begegnet sind. Inzwischen geht dies ganz natürlich und schnell.

Wenn Sie dort angekommen sind, schauen Sie sich um. Hat sich etwas verändert? Möchten Sie vielleicht etwas ändern oder hinzufügen? Dann tun Sie das jetzt.

Laden Sie Ihre Intuition zu sich ein und begrüßen Sie sie.

Ihre Intuition hilft Ihnen nun, zwischen sich, Ihnen – in Ihrem jetzigen empfänglichen Zustand – und Ihrem alltäglichen Bewußtsein eine Verbindung zu schaffen.

Denken Sie an eine Situation, in der alles schieflief. Sie können die gleiche Situation wie im vorigen Kapitel benutzen oder auch eine andere. Wie hat sich das angefühlt? Ihre Intuition wird nun dieses Gefühl übertreiben. Wo in Ihrem Körper ist es spürbar? Wie spüren Sie es? Haben Sie dieses Gefühl bereits einmal gespürt? Nehmen Sie das Gefühl tief in sich auf, es soll sich Ihrem Körper einprägen.

Dann lassen Sie es los. Auch Ihre Intuition geht wieder in ihre normale Form zurück.

Nun rufen Sie sich eine Situation ins Gedächtnis, in der Sie warten und geduldig sein mußten. Wie fühlten Sie sich dabei? Lassen Sie Ihre Intuition dieses Gefühl wieder übertreiben und lassen Sie sich von der körperlichen Empfindung durchdringen.

Als nächstes stellen Sie sich eine Situation vor, in der Sie weitermachen mußten, wo Taten angesagt waren. Danken Sie Ihrer Intuition, und wenn Sie bereit sind, öffnen Sie die Augen. Denken Sie daran, alles in Ihr Tagebuch zu schreiben.

Test: Überprüfen Sie Ihre Emotionen. Jagt Ihnen eine bestimmte Situation mit einem bestimmten Ausgang Angst ein? Sind Sie einem bestimmten Ausgang emotional verhaftet? In diesem Fall sollten Sie die Neutralitätsübung aus Kapitel 6 wiederholen.

———————— * ————————

Die Intuition wählen

Eine dieser Übungen wird bestimmt bei Ihnen »hängenbleiben«, sei es die Ampel-, die Geräusch- oder die Spür-Übung. Und selbst wenn Sie dem Ratschlag Ihrer Intuition nicht folgen wollen, wissen Sie doch zumindest, daß sie mit Ihnen kommuniziert, eine Tatsache, die auf keinen Fall ignoriert werden sollte. Mehrere meiner Studenten hatten Angst davor, auf ihre Intuition zu hören, weil sie das Gefühl hatten, daß sie dann keine freie Wahl mehr hatten, daß sie also ihrer Intuition folgen müßten, wenn sie auf sie hörten, selbst wenn sie eigentlich davor zurückschreckten.

Das stimmt nicht. Es ist ganz wichtig, daß Sie immer die Dinge »in der Hand haben«. *Sie müssen für Ihr Leben die Verantwortung selbst übernehmen, mit Ihren Entscheidungen leben und für Sie geradestehen.* Die Intuition ist eine gute Quelle der Einsicht und Information und leistet so einen Beitrag zu Ihrer Entscheidungsfindung. Aber Sie müssen ihr nicht zwingend gehorchen!

Ihre Intuition läßt Sie nicht einfach im Stich, nur weil Sie sich für einen anderen Weg entscheiden. Alles, was sie braucht, ist etwas Anerkennung für ihren Beitrag. Auf keinen Fall verlangt sie blinden Gehorsam, denn das wäre genauso ungesund wie wenn Sie immer auf die Ratschläge anderer hören würden oder in Ihren Handlungen immer nur Vergangenes wiederholen.

Jedes Wiederholungsmuster kann zu einer Falle werden, und das gilt auch für die Intuition. Sie tragen in jedem Fall Ihre persönliche Verantwortung. Und letztendlich ist Ihre Intuition nichts anderes als ein Teil Ihrer selbst!

Kapitel 9
Die Intuition testen
8. Woche

Die Erkenntnis, daß es so etwas wie Intuition gibt, ist ein positiver erster Schritt, denn dies bedeutet, daß man fest daran glaubt, daß die Antwort selbst auf schwierigste Probleme fix und fertig ins Bewußtsein springen kann – wenn auch vielleicht nicht unbedingt im günstigsten Moment, wie bei Archimedes im Bad. Doch dieser amorphe, schlecht definierte Instinkt, den wir als Intuition kennen, muß verstanden und genährt werden und braucht unser Vertrauen, wenn er zu einem starken Managementwerkzeug werden soll.
– Roy Rowan –
The Intuitive Manager

Intuition in Zahlen

Die meisten Menschen kämen nie auf die Idee, ihre Intuition zu testen. Intuition ist zwar Teil unseres subjektiven und sehr persönlichen Lebens, aber dennoch gibt es Wege und Mittel, sie zu testen, zu üben, zu verbessern und ihre Verläßlichkeit zu quantifizieren.

Wenn ich in Firmen mein Intuitionstraining vorstelle, kommt meistens als erstes der Einwand, daß Intuition zu vage ist, um wirklich gut »gemanagt« werden zu können. Diese Geschäftsleute geben zwar oft zu, daß Intuition bei ihrer persönlichen Entscheidungsfindung eine wichtige Rolle spielt, aber sie entzieht sich irgendwie genauer Beobachtung und scheint dem Personal nur schwer vermittelbar zu sein.

Ich habe einen Plan für die Lösung dieses Problems. Er funktioniert bei Einzelpersonen, und ich möchte Sie ermutigen, ihn einmal auszuprobieren. Er erhöht die Wahrscheinlichkeit dafür, daß Intuition auch in Gruppenentscheidungen verläßlich ist.

---- ✳ ----

Übung 20
Intuitionsgenauigkeit Nr. 1

Mindestens eine Woche lang – je länger, desto besser – sollten Sie schriftlich Buch über all Ihre intuitiven Einfälle, Geistesblitze und Gefühle führen. Wenden Sie aktiv alle in diesem Buch gezeigten Übungen und jede andere Technik an, die Ihnen etwas bringt, und numerieren Sie sie durch. Auf der folgenden Seite finden Sie ein Beispiel dafür, wie Ihr Notizbuch aussehen könnte. Lassen Sie unter jedem Eintrag genug Platz für Resultate. Sie sollten sich angewöhnen, Ihre Eintragungen jeden Abend einmal zu lesen und eventuelle Ergebnisse einzutragen.

Nach diesem Testzeitraum teilen Sie die Anzahl der richtigen Intuitionen durch die Anzahl der Gesamteinträge, um die prozentuale Genauigkeitsrate Ihrer Intuition herauszubekommen:

$$\frac{\text{richtige Intuition}}{\text{Anzahl der Gesamteinträge}} = \text{Genauigkeit in Prozent}$$

Wenn Sie beispielsweise insgesamt 20 Eintragungen haben und davon sind 15 korrekt, sieht die Rechnung so aus:

$$\frac{15}{20} = 75\,\% \text{ Genauigkeit}$$

In bezug auf die Menge gemessen, wird Intuition glaubwürdiger. So könnte man beispielsweise sagen: »Ich habe so das Gefühl, daß mit diesem Projekt im Moment etwas verkehrt läuft, und meine intuitive Trefferquote liegt immerhin bei 75 %. Also lassen Sie uns doch noch einmal alles genau durchforsten, vielleicht finden wir dann den wunden Punkt.« Manchmal sind intuitive Eingebungen auch nur teilweise richtig; Sie können solche Intuitionen bei Ihrer Berechnung mit einem halben Punkt bewerten.

Die Zuverlässigkeit erhöhen

Durch das Aufschreiben Ihrer Intuition und das Überprüfen ihrer Gültigkeit können Sie ihre Zuverlässigkeit testen und erhöhen. Wenn Sie Ihre Eintragungen lesen und Ihre intuiven Erfahrungen

Tagebucheintrag: 15. Januar 1990

Situation: In ein paar Tagen gebe ich mein erstes Radiointerview, und ich möchte mich darauf vorbereiten.

Übung: Sich auf zukünftige Ereignisse vorbereiten.

Ergebnis: Zuerst hatte ich ein sehr gutes Gefühl, aber dann fühlte ich mich plötzlich sehr unwohl. Vorsicht, auf der Hut bleiben!

Interpretation: Am Anfang des Interviews ganz einfache Fragen, aber später schwierigere Fragen.

Tatsächliches Ereignis: Vor der Ausstrahlung der Sendung sprach ich mit dem Interviewer. Er interessierte sich sehr für meine Arbeit und meinte, daß das Interview ganz glatt über die Bühne gehen würde. Ich entspannte mich – zu sehr! Als wir dann auf Sendung waren, stellte er schwierige Fragen, um mich aus der Fassung zu bringen, und ich hatte ein paar Minuten zu kämpfen, um wieder ins Gleichgewicht zu kommen und voll da zu sein.

Analyse: Meine Intuition war richtig! Aber ich dachte nicht mehr daran und war unvorsichtig.

mit dem vergleichen, was tatsächlich passiert ist, können Sie wunderbar herausfinden, welche Intuitionen, Signale und Zeichen für Sie am genauesten sind – und diese verstärken!

Wenn Sie sich selbst auf Video sehen – beim Tennis- oder Golfspielen zum Beispiel oder beim Vortragen einer Rede –, sehen Sie Ihre Fehler und können sie viel besser korrigieren, als wenn Sie von jemand anderem zu hören bekommen, wie Sie alles besser machen sollten. Der Körper kann sich am besten korrigieren, wenn er die Situation noch einmal aus der Distanz betrachten und nacherleben kann. Mit Ihrer Intuition ist es genau das gleiche. Sie wissen bereits, daß die Intuition wie ein Muskel funktioniert. Sehen wir unsere eigenen Fehler vor Augen, ist es einfach, sie auszumerzen. Der intuitive Muskel lernt, sich selbst zu korrigieren.

Die Kommunikation mit der Intuition verbessern

Diese Testmethode bietet noch einen weiteren Vorteil: Sie werden mit der Zeit immer vertrauter mit Ihrer Intuition, mit ihrer Art, mit Ihnen zu kommunizieren. Am Anfang, beim Aufzeichnen der Notizen, verstehen Sie vielleicht die auftauchenden Symbole und Bilder nicht. Doch wenn Sie dann zurückblättern, nachdem das entsprechende Ereignis stattgefunden hat, wird Ihnen bestimmt klar, welche Botschaft dahintersteckte. Dieses Verstehen der Intuition braucht Zeit und gehört zum Entwickeln einer guten Kommunikation dazu.

———————— ✳ ————————

Übung 21
Intuitionsgenauigkeit Nr. 2

Um die Genauigkeit Ihrer intuitiven Eingebungen testen zu können, gibt es mehrere Fragen. Dieses Unternehmen ist allerdings äußerst vertrackt. Viele Menschen stellen ihre Intuition viel zu sehr in Frage und untergraben so ihren Glauben immer mehr.

Sie können die »falschen« Fragen anhand ihrer Qualität erkennen; meistens setzen sie weiteren Fragen ein Ende; sie machen Intuition lächerlich und dumm und sind immer kritisch. Ich habe diese Art von Befragung »zweifelnde Fragen/Aussagen« genannt; sie untergraben leicht das Vertrauen und ziehen die Intuition ins Lächerliche. Und die Zweifel scheinen immer von jemand anderem zu kommen. Schauen Sie sich diese Fragen im folgenden genau an, damit Sie sie »ausmerzen« können.

Zweifelnde Fragen/Aussagen

1. Wie kann das wahr sein?

2. Niemand macht das so, und deshalb kann ich es auch nicht so machen.

3. Das kann einfach nicht passieren.

4. Niemand wird mir glauben. Ich kann das den anderen nicht verkaufen.

5. Das kann einfach nur schiefgehen.

6. Ich bilde mir das alles bloß ein.

7. Wer bin ich denn, daß ich so etwas versuchen könnte?

8. Das ist eine doofe Idee.

Die »Quasselstrippe«

Sie sehen sicher, daß diese Fragen ein Weitermachen und Erforschen, das Überprüfen, ob Ihre Intuition vielleicht doch eine ganz gute Einsicht war, sehr erschweren. Ich nenne den Teil Ihres Verstandes, der diese Fragen produziert, die »Quasselstrippe«. Jeder von uns hat einen solchen Anteil in sich, der ständig und penetrant die Intuition untergräbt.

Zunächst versuchen viele Kursteilnehmer, dies zu ignorieren und Widerstand zu leisten. Doch das klappt eigentlich nie. Die »Quasselstrippe« verlangt nach Aufmerksamkeit und Anerkennung. Ich sage zu meiner »Quasselstrippe«: »Ich höre dich zwar, aber im Moment höre ich gerade auf meine Intuition. Du kannst jetzt den Mund halten.« Auf diese Weise kämpfe ich nicht gegen diese

»Quasselstrippe« in mir. Kampf verstärkt nur den Konflikt und lenkt die Aufmerksamkeit von der Intuition ab.

Der zweifelnde Verstand

Es ist unser zweifelnder Verstand, der diese »Quasselstrippe« schafft. Zweifelnde Fragen sind so auf Angst und Unwissenheit ausgerichtet, daß sie die Tür zu unserer Intuition verschließen. Dabei werden die Ängste nicht realistisch betrachtet, sondern als etwas Unbezwingbares, das alle weiteren Aktionen und Nachforschungen zum Scheitern verdammt und somit überflüssig macht.

Um sich mit seinen Ängsten auseinanderzusetzen, sollte man sie einmal ganz direkt betrachten. Lassen Sie Ihrer Phantasie freien Lauf und denken Sie sich das Schlimmste aus. Schreiben Sie es auf und schauen Sie es sich gründlich an. Lassen Sie sich ruhig Zeit dabei und überlegen Sie, was schlimmstenfalls passieren könnte und wie Sie darauf reagieren könnten.

Bei Managern ist dieses System als »Fehleranalyse« bekannt. Es ist sehr nützlich, um sich Ängste »aus dem Kopf zu schlagen« und sie statt dessen aufs Papier zu bringen. Wenn Sie sich auf das Schlimmste gefaßt machen, fallen Ihnen auch eher Lösungen dafür ein, und Sie können besser entscheiden, ob Sie dieses Risiko in Kauf nehmen wollen.

Edgar Mitchell, der Apollo-14-Astronaut, erklärt: »Mit dem Fehlerbaum (aus der Fehleranalyse) kann ein Chef diese Fehler sozusagen riechen, noch bevor etwas anbrennt!« (Hört sich für mich ganz nach Intuition an...) Aus einer Liste möglicher Katastrophen kann sich die Intuition diejenigen heraussuchen, auf die man sein Augenmerk richten sollte.

Die Intuition ermutigen

Es gibt ein paar Fragen und Aussagen, die Ihre Intuition ermutigen, unterstützen und auf die Probe stellen. Sie sollten unbedingt feststellen, ob eine Botschaft von Ihrer Intuition von Ihren Ängsten und Wünschen oder Ihrem »Experten-Verstand« beeinflußt wird. Intuition kommt immer *aus Ihnen selbst*. Selbst wenn Sie sie über

Symbole oder Bilder wahrnehmen, ist sie doch ein Teil von Ihnen, und *man hat das Gefühl, mit sich selbst zu reden.* Die folgenden Aussagen/Fragen helfen Ihnen, die Natur Ihrer Intuition zu verstehen und die Gültigkeit Ihrer intuitiven Eingebungen zu testen.

Leitfragen/Aussagen

1. Intuition ist neutral und kann ein Gefühl des Ganz-bei-sich-Seins mit sich bringen.

2. Intuition kann ein Führer für die Zukunft sein und weist immer für die Gegenwart die Richtung.

3. Ist meine Intuition frei von Handlungen, Anerkennung oder Zustimmung durch jemand anderen?

4. Fühlt sich diese Intuition richtig an?

5. Gibt es etwas, das ich sofort unternehmen kann?

6. Kann ich die Verbindung zwischen dieser Information und anderen relevanten Informationen und Tatsachen über diese Situation erkennen?

7. Kann ich die Risiken, mögliche Fehlschläge und Katastrophen erkennen und analysieren oder in Kauf nehmen?

Diese Fragen/Aussagen sind nur ein Wegweiser in die richtige Richtung. Ihre Intuition muß nicht unbedingt auf alle Fragen eine Antwort parat haben, denn es kann sein, daß nur einige davon für Sie relevant sind. Denken Sie immer daran, daß Ihnen die Fragen bei der Entscheidung helfen sollen, ob Sie in Ihren Zweifeln festgefahren sind. Sie machen die Intuition auch praktischer. Eine Intuition läßt immer alle Türen offen, niemals verschließt sie sie. Dadurch liegt die Entscheidung bei Ihnen, denn Intuition gibt Ihnen nur Informationen zur Hand, nicht mehr und nicht weniger.

———————— ✳ ————————

Übung 22
Intuitionsgenauigkeit Nr. 3

Dieser Plan geht näher auf einige der Probleme ein, die bereits bei Nr. 1 und Nr. 2 zur Sprache gekommen sind. Ängste und Wünsche unterbrechen den intuitiven Prozeß nur dann, wenn sie nicht überprüft werden. Solange ich aus Angst vor dem Zahnarzt alle Symptome einfach ignoriere, vermeide und beiseite schiebe, kann meine Intuition mir diesbezüglich auch nicht weiterhelfen, weil ich sowieso nicht darauf höre.

Mir selbst passierte dies beispielsweise beim Schreiben dieser Zeilen. Ich überarbeitete zunächst ein paar Kapitel, fügte hier etwas hinzu, nahm dort ein paar Sätze heraus. Und plötzlich schoß es mir durch den Kopf, daß ich sicherheitshalber alles gleich abspeichern sollte, damit bei einem Stromausfall nichts verlorenginge.

Aber ich achtete nicht darauf, vielleicht weil ich zu bequem war, wahrscheinlich aber eher, weil mir allein die Vorstellung, daß meine ganze Arbeit verlorengehen könnte, eine Riesenangst einjagte. Und es war ganz sicher eine intuive Eingebung, denn ein paar Minuten später kam mein Hund an meinen Schreibtisch und zog den Stecker aus der Steckdose. Und ich mußte alles, was ich gerade geschrieben hatte, noch einmal schreiben. Probieren Sie den folgenden Plan aus, um eine aktuelle Situation detailliert zu erforschen:

1. Schreiben Sie die Situation, den Plan, das Programm oder die Frage auf.

2. Stellen Sie eine Liste mit allen Möglichkeiten zusammen, wie die Situation ausgehen könnte: die positiven, erwünschten Möglichkeiten; die übertrieben guten, äußerst positiven Möglichkeiten; diejenigen, die problematisch werden könnten und nicht unbedingt das sind, was Sie sich vorstellen; und die Ergebnisse, vor denen Sie Angst haben – die schlimmsten Erwartungen. Sie sollten all diese Möglichkeiten möglichst neutral und objektiv darstellen. Beim Schreiben können Sie sehen, was Sie beunruhigt und was Sie richtig nervös macht.

3. Schauen Sie sich noch einmal die zweifelnden Fragen und Leit-fragen an. Welche passen Ihrem Gefühl nach auf diese Situation?

4. Neben jede der dargestellten Möglichkeiten oder Resultate schreiben Sie Ihre wahrscheinliche Reaktion darauf.

5. Bitten Sie Ihre Intuition, Ihnen zu jedem Punkt so viel Informa-tion wie möglich zu liefern, und notieren Sie Ihre intuitive Reak-tion.

Mit ein bißchen Übung werden Sie mit Hilfe dieser drei Pläne den Intuitionstest ziemlich schnell durchführen können. Denken Sie immer daran, daß der Test die Stärke Ihres intuitiven Muskels erhöhen und Sie auf die intuitive Information noch besser einstim-men soll.

Impulsiv oder intuitiv?

Immer wieder wird mir in Kursen die schwierige Frage gestellt: »Wie erkenne ich den Unterschied zwischen einem impulsiven Gefühl und meinem intuitiven Wissen?« Die Frage kommt nicht von ungefähr, denn es gibt durchaus Ähnlichkeiten. Beides kann sich wichtig und zwingend und auch »richtig« anfühlen.

Impulsiv

Und doch gibt es ein paar feine, aber wichtige Unterschiede. Ein Impuls vermittelt immer das Gefühl, daß er auf der Stelle in die Tat umgesetzt werden müßte. Wir fühlen uns unter Handlungsdruck gesetzt; wenn wir dann tatsächlich etwas unternehmen, fühlen wir uns hinterher ganz leer. Das Problem ist nicht gelöst worden. Wie schon das Wort impliziert, ist ein Impuls ein starker Ausbruch von Energie, auf den dann Ruhe folgt. Impulse beginnen immer mit viel »Power« und werden dann immer schwächer.

Intuitiv

Auch eine Intuition kann etwas Zwingendes haben, aber sie läßt uns immer Zeit zum Nachdenken. Ich selbst greife in solchen Fällen auf das zurück, was ich das »Universelle Dreier-Gesetz« nenne. Wenn ich etwas unbedingt kaufen möchte – meistens werde ich bei Kleidern impulsiv –, probiere ich es an und sehe mich dann noch woanders um. Ich lasse es sozusagen wieder los. Wenn ich dann wieder daran denke, probiere ich es noch einmal an. Und wenn dies zum dritten Mal passiert, kaufe ich das Teil. Wenn etwas dreimal zu mir zurückkommt, handle ich entsprechend. Intuitionen sind beständig und hartnäckig. Etwas wirklich Wichtiges vergessen wir nicht einfach, wir denken immer wieder daran. Es »verfolgt« uns, läßt uns nicht mehr los.

Unter meinen Studenten sind auch mehrere Börsenmakler. In diesem Geschäft ist schnelles Handeln angesagt. Doch selbst unter großem Zeitdruck ist für sie noch Zeit für das »Dreier-Gesetz«. Sie schaffen es, innerhalb weniger Augenblicke eine Idee loszulassen und zu warten. Kommt ihnen die Idee sofort wieder in den Sinn, wird wieder losgelassen und abgewartet. Diese Geschäftsleute haben gelernt, den Unterschied zwischen einer Panikreaktion und einer Intuition zu spüren. Meistens kommen ihnen ihre intuitiven Eingebungen kurz vor einer Veränderung an der Börse. Panik dagegen kommt hoch, nachdem eine Veränderung bereits stattgefunden hat.

Impulsiv:
- zwingend
- unmittelbar
- keine Zeit zum Überlegen
- ein Gefühl verzweifelter Notwendigkeit

Intuitiv:
- beständig
- hartnäckig
- Unmittelbarkeit nicht so wichtig
- das »Dreier-Gesetz« nicht anwenden

Fazit

Alles in allem läuft das Hören auf die Intuition auf drei einfache Fragen hinaus:

Was sehe ich?

Was weiß ich?

Was fühle ich?

»Was sehe ich?« bedeutet, daß wir einen Schritt zurücktreten und aus einer gewissen Distanz einen gründlichen Blick auf das Geschehen werfen. Man könnte dies auch als »Wirklicheits-Check« bezeichnen. Oft sind wir in etwas so verwickelt, daß wir keine Perspektive mehr haben und uns der richtige Blickwinkel abhanden gekommen ist. Hören auf die Intuition beinhaltet auch, daß wir diese richtige Perspektive wiedergewinnen und das Ganze so klar wie möglich sehen.

»Was weiß ich?« bezieht sich auf die »Weisheit des Herzens«. Meistens »wissen« wir sehr viel mehr, als wir uns zugestehen, und zwar durch das »Herz«. Das hat natürlich nichts mit dem körperlichen Herzen zu tun, das das Blut in den Kreislauf pumpt. Ich meine damit das symbolische Herz, das Herz, das weiß, was »richtig« oder »falsch« für uns ist und das unsere »Herzenswünsche« kennt.

»Was fühle ich?« hat mit dem intuiven Fühlen zu tun, das uns sagt, was zu unternehmen ist und wie sich eine Situation auf uns auswirkt. Wir fühlen uns dann entweder »gut« oder »schlecht«, »wohl« oder »unwohl«. Der Körper kann erspüren, wie wir dieses Gefühl verstärken beziehungsweise ändern können.

Ich lebte fünf Jahre lang in New York City und wollte unbedingt außerhalb der Stadt wohnen. Mein Mann und ich durchstreiften am Wochenende die Vorstädte, um ein Gefühl dafür zu bekommen, wo wir glücklich sein würden. Eines Nachts träumte ich von einem kleinen Steinhäuschen in einer Sackgasse. Und am nächsten Tag standen wir tatsächlich vor diesem Haus, und es war genauso schön wie in meinem Traum und lag in einer wunderbaren Umgebung. Das einzige Problem war die Miete. Was würde verlangt werden, und wieviel konnten wir uns leisten? Ich *wollte* dieses Haus und wünschte mir *verzweifelt*, aus der Stadt herauszukommen. Die hervorgehobenen Wörter weisen auf impulsives Verhalten hin.

Erst ein paar Tage später beruhigte ich mich langsam und konnte dann auch wieder meinem Mann zuhören. Ich mußte den besagten Schritt zurück tun und die reelle Situation betrachten. Er forderte mich auf, mit meiner Intuition in Verbindung zu treten und herauszufinden, ob ich wirklich recht hatte. Wenn dem so war, würden wir uns um das Haus bemühen, wenn nicht, mußte ich es loslassen. Zwischen meinem Mann und mir besteht eine Vereinbarung, daß Dinge, die uns beide betreffen, sich auch für beide »gut« anfühlen müssen, um richtig zu sein, daß wir also nicht nur auf die eigene Intuition hören, sondern auch die des anderen respektieren.

Ich tat also den erforderlichen Schritt zurück, *weg von der Situation* und meiner Verzweiflung. Und ich *sah*, daß wir uns mit einer so hohen Mietbelastung auf das Nötigste beschränken und ein sehr unbequemes Leben führen müßten.

Ich *wußte* aber auch, daß dies die Gemeinde war, wo wir gerne leben würden, daß es jedoch nicht der richtige Zeitpunkt war. Wir waren noch nicht so weit, daß wir aus der City hinaus auf das Land ziehen konnten. Wir hatten uns beide gerade selbständig gemacht und mußten erst richtig Fuß fassen, bevor wir mit unserem Geschäft auch außerhalb der City überleben konnten. Ein Umzug hätte sich sehr negativ ausgewirkt.

Ich *fühlte*, daß mir die Botschaft meiner Intuition gar nicht gefiel: Wir mußten in der City bleiben, bis der richtige Zeitpunkt gekommen war. Ich akzeptierte das unter der Bedingungung, daß meine Intuition mir garantierte, daß wir umzogen, sobald es paßte.

Zwei Jahre später war der richtige Zeitpunkt gekommen. Wir hatten weiterhin die Zeitungen durchforstet nach einem Haus in dem von uns bevorzugten Gebiet, aber alles war zu teuer. Eines Morgens las ich die Zeitung durch, und da *sah* ich unseren Platz: genau der richtige Platz, genau die richtige Umgebung, genau der richtige Preis. Ich *wußte* einfach, daß es diesmal stimmte. Nach seiner morgendlichen Meditation kam mein Mann aus dem Schlafzimmer und sagte zu mir: »Ich habe das bestimmte *Gefühl*, daß wir jetzt ans Umziehen denken könnten. Steht was Gutes in der Zeitung?« Ich zeigte ihm meinen Fund, und wir gingen los, unser perfektes Haus zu kaufen.

Kapitel 10
Die Intuition zum Teil des Lebens machen

Diese »Gabe« (die Intuition) wurde lange als Privileg der Götter und Geister betrachtet und nicht als das Erbe gewöhnlicher Sterblicher. Nur die allerwenigsten Menschen zogen die Möglichkeit in Betracht, daß solche sporadischen intuitiven Augenblicke der Ansatz einer Fähigkeit sein könnten, die man zu einem verläßlichen Kanal des Wissens weiterentwickeln konnte.
– Arthur J. Deikman, M. D. –
Das beobachtende Selbst

Unerwartete Intuition

Es gibt zwei Möglichkeiten, intuitive Informationen zu empfangen: zum einen das sogenannte *Wartungsprogramm*. Es ist vergleichbar mit körperlicher Gymnastik, mit deren Hilfe man sich ganz allgemein fit hält. Das Intuitions-Wartungsprogramm hält den Geist empfänglich und offen für intuitive Eindrücke, die jederzeit und überall an die Oberfläche kommen können.

Diese Form der Intuition ist fast allen Menschen vertraut. Immer wenn man am allerwenigsten damit rechnet, hat man einen »Geistesblitz«. In alten Zeiten wurde diese Art der Intuition als Göttin verehrt, zu der die Menschen beteten, um mit ihrer Weisheit und Einsicht gesegnet zu werden. Wer zuviel mit oder von ihr redete, machte den Zauber zunichte.

Mit Hilfe eines Wartungsprogramms bleibt Ihr Geist auf intuitive Eindrücke eingestimmt und leitet sie ins Bewußtsein weiter, wo sie dann »verwertet« werden können. Die Übungen halten diesen Kanal offen.

Ich bin der Meinung, daß wir jede Menge intuitiver Einsichten haben, sie uns aber entgehen lassen, weil wir das Wahrnehmen von Intuitionen einfach nicht geübt haben. Ein Geist, der nicht weiß, wie er sie willkommen heißen kann, läßt sie leicht vorüberziehen.

Das Wartungsprogramm stärkt die Verbindung zwischen Intuition und Bewußtsein, um das »Wandern« von Botschaften zu vereinfachen. Es kann ganz auf Ihre persönlichen Bedürfnisse und Gegebenheiten abgestimmt werden.

109

Die Intuition bei Bedarf »anzapfen«

Die zweite Möglichkeit intuitiven Informationsempfangs habe ich *Direct Access* (Direktzugang) getauft. Dies ist der Fall, wenn wir bei unserer Intuition ganz bestimmte Informationen »abfragen«. Viele der in diesem Buch vorgestellten Übungen sind Direktzugangsübungen, und man könnte – je nach Situation – noch viel mehr dazuerfinden.

Mit Direktzugangsübungen brauchen Sie nicht auf die Göttin der Intuition und ihre segensreichen Einsichten zu warten. Statt dessen fragen Sie sie direkt, und Sie werden auch eine Antwort erhalten. Mit dem Direktzugangsprogramm haben Sie die Kontrolle über Ihre Intuition. Es entspricht auf körperlicher Ebene spezieller Gymnastik zur Stärkung bestimmter Körperteile oder Muskeln.

Kategorien für *Intuitionstrainings*-Übungen

Wartungsübungen

Die mit * gekennzeichneten Übungen können auch als Direktzugangsübungen verwendet werden, wenn eine ganz bestimmte Angst oder ein spezieller Wunsch erforscht werden soll. Es ist jedoch im allgemeinen sinnvoll, Ängste und Wünsche regelmäßig zu überprüfen.

Direktzugangsübungen

Sicher haben Sie bemerkt, daß die **Wartungsübungen** ein *allgemeines Bewußtwerden* und *Verständnis* für die Arbeitsweise der Intuition entwickeln.

Die **Direktzugangsübungen** dagegen sind mehr für bestimmte Situationen gedacht. Sie können sich natürlich auch einfach selbst eine Übung ausdenken, wenn in einer speziellen Situation keine der oben genannten Übungen zu passen scheint.

Das eigene Programm entwickeln

Zeit und Ort: Um den Kontakt mit Ihrer Intuition zu »pflegen«, sollten Sie jeden Tag zumindest eine Wartungsübung machen, idealerweise jeden Tag zur selben Zeit. Entscheiden Sie selbst, welche Tageszeit Ihnen am besten paßt. Viele meiner Studenten halten den frühen Morgen für die beste Zeit, weil sie sich dann am wachsten fühlen.

Für andere wiederum ist der Morgen zu hektisch und läßt ihnen keine freie Minute zum Nachdenken. Für sie ist die Mittagszeit, vor oder nach dem Essen, viel besser geeignet. Manche üben am liebsten zu Hause, andere im Büro oder sogar im Zug oder Bus. Suchen Sie sich Ihre optimale Zeit und den für Sie besten Platz aus. Warum bitten Sie nicht einfach Ihre Intuition, Ihnen bei der Wahl zu helfen?

Das wichtigste beim Wartungsprogramm ist: Dabeibleiben! Wenn Sie nur dreimal in der Woche Zeit für die Übungen haben, ist das in Ordnung, solange Sie auch tatsächlich dreimal pro Woche üben. Sobald Ihnen das Wartungsprogramm richtig vertraut ist, ist es nicht einmal nötig, daß Sie sich dazu hinsetzen, die Augen schließen und Musik hören. Wenn ein Tag für mich besonders hektisch zu werden verspricht, übe ich einfach unter der Dusche!

Musterpläne für das Wartungsprogramm

Plan für 6 Tage pro Woche (für die Ehrgeizigen und Enthusiastischen unter Ihnen!):
1. Tag: *Begegnung mit der Intuition* und eine Direktzugangsübung nach Wahl;

2. Tag: *Ängste loslassen* und eine Direktzugangsübung nach Wahl;

3. Tag: *Begegnung mit der Intuition* und eine Direktzugangsübung nach Wahl;

4. Tag: *Wünsche verstehen* und eine Direktzugangsübung nach Wahl;

5. Tag: *Begegnung mit der Intuition* und eine Direktzugangsübung nach Wahl;

6. Tag: *Vergangenheit und Zukunft loslassen* und eine Direktzugangsübung nach Wahl.

Wer zwar jeden Tag üben möchte, aber nicht genug Zeit für beide Übungen hat, macht einfach abwechselnd eine Wartungs- und eine Direktzugangsübung.

Plan für 4 Tage pro Woche (es müssen nicht unbedingt aufeinanderfolgende Tage sein):

1. Tag: *Begegnung mit der Intuition* und eine Direktzugangsübung nach Wahl;

2. und 3. Tag: Eine Wartungsübung (nicht *Begegnung mit der Intuition*) und eine Direktzugangsübung nach Wahl;

4. Tag: *Begegnung mit der Intuition* und eine Direktzugangsübung nach Wahl.

Plan für 2 Tage pro Woche:

1. Tag: *Begegnung mit der Intuition* und eine Direktzugangsübung nach Wahl;

2. Tag: Eine Wartungsübung (nicht *Begegnung mit der Intuition*) und eine Direktzugangsübung nach Wahl.

Inzwischen sind Sie wahrscheinlich im Umgang mit Ihrer Intuition so weit fortgeschritten, daß sie Ihnen helfen kann, das für Sie geeignete Programm zu bestimmen. Aber Sie können natürlich auch selbst die Entscheidung treffen. Das Wichtigste ist: *Tun Sie es!* Wie bei allem anderen erhöht regelmäßiges Üben die Zuverlässigkeit.

Nehmen Sie nun Ihr Tagebuch zur Hand und entwickeln Sie Ihren persönlichen Plan.

IV
Über die Anfänge hinaus

Kapitel 11
Synchronizität und Gruppenübungen

Die Sterne sieht man zwar am Mittag nicht, aber da sind sie trotzdem.
– Jean Bolen, M. D. –
Das Tao der Psychologie

Es wäre wahrscheinlich besser, wenn Sie sich mit den vorhergehenden Kapiteln richtig vertraut gemacht haben, bevor Sie die nächsten beiden Kapitel lesen. Ich stelle darin Intuitionstechniken für Fortgeschrittene vor, die ich manchmal allerdings auch in Anfängerkursen verwende, um den Teilnehmern zu zeigen, wie weit sie ihren intuitiven Muskel dehnen können, viel weiter, als sie es bisher für möglich hielten. Das inspiriert ungemein.

In einer geführten Gruppe ist viel mehr möglich als in Einzelarbeit. Ich kann nicht erklären, warum, weiß aber aus Erfahrung, daß die in einer Gruppe erzeugte Energie jeden einzelnen viel eher dazu inspiriert, seine Grenzen zu überschreiten – ähnlich einer Aufführung, bei der die Erregung der Zuschauer den Künstler so stimuliert, daß die Vorstellung eine Kreativität gewinnt, die in der Probe nicht vorhanden war.

Für die meisten Übungen in diesem Kapitel sind mindestens zwei, besser mehr Leute erforderlich, damit sich die volle Wirkung entfalten kann.

Zunächst wollen wir uns mit Synchronizität beschäftigen. Am Anfang habe ich bereits einmal davon gesprochen, daß »Erfahrung« auch eine intuitive Form der Kommunikation ist; dabei hatte ich Synchronizität im Sinn. Eine äußere Erfahrung, also etwas, das *uns* zustößt, kann eine Form intuitiven Wissens sein.

Synchronizität

Ich definiere Synchronizität als ein *äußeres Ereignis, welches inneres Wissen auslöst.* Das bezieht sich auf bedeutsame Geschehnisse, die zeitlich zusammenfallen, zum Beispiel, wenn Sie ein Problem lösen wollen und »zufällig« jemand anruft und Ihnen während des

Gesprächs »zufällig« die Antwort beziehungsweise den Weg in die richtige Richtung weist.

Eine meiner Schülerinnen erzählte mir dazu folgendes: Sie lebte weit weg von zu Hause und war das ganze Jahr über immer wieder krank gewesen, seit Monaten litt sie unter Depressionen. Eines Tages fuhr sie mit dem Taxi am Times Square in New York entlang. In einem der Kinos wurden zwei Filme gezeigt: *Todeswunsch* und, darunter, ein Film namens *Sharon* – ihr Name. Dadurch wurde ihr klar, daß sie sich selbst in die Tiefe zog. Sie entschloß sich, ihr Leben weiterzuleben und eine positivere Haltung einzunehmen. Für sie war das ein bedeutender Augenblick von Synchronizität.

Eine andere Frau ging zu einem Vorstellungsgespräch und sah im Besucherzimmer an der Wand Werke eines ihr bekannten Künstlers. In diesem Augenblick wußte sie, daß sie die Stelle bekommen würde. Dabei spielte es keine Rolle mehr, daß es beim ersten Gespräch nicht klappte. Sie war sich einfach sicher und wurde tatsächlich eingestellt. Und die Arbeit dort hat ihr viel Spaß gemacht.

Ist das Magie? Zauberei?

Nein. Es ist eine Form von Intuition. Der intuitive Geist benutzt manchmal eine *äußere* Situation, um uns ein *inneres* Wissen vor Augen zu führen. Wichtig dabei ist, daß das innere Wissen das eigentlich Wichtige ist.

Synchronizität ist kein Aberglaube

Ist kein inneres Wissen da, gibt es auch keine Synchronizität. Oder anders ausgedrückt: Versucht jemand, die Bedeutung eines Ereignisses zu analysieren oder herauszufinden, ist keine Synchronizität im Spiel; das kann dann eher zu Aberglauben werden. Wenn ich versuche herauszufinden, warum das Auto nicht anspringt, das Wetter schlecht ist, oder warum ich die Schlüssel vergessen habe, handelt es sich nicht um Synchronizität, dann messe ich vielmehr einer Sache mehr Bedeutung zu, als sie verdient.

Es kann sehr tröstlich sein, in äußere Ereignisse eine Bedeutung hineinzulesen, denn dann gestehen wir diesem Geschehen zu, uns die Richtung zu weisen, anstatt selbst nachzudenken und zu entscheiden. Der Trick bei der Synchronizität ist die *Unmittelbarkeit*, mit der das innere Wissen sich meldet.

Eine meiner Studentinnen arbeitete eines Freitag nachmittags in Eile, weil sie noch vor Geschäftsschluß einkaufen gehen wollte. In ihrer Hektik schloß sie »zufällig« ihre Geldbörse im Schreibtisch ein, und zwar ausgerechnet in dem Fach mit dem automatischen Verschluß. Der Schlüssel dazu war – in ihrer Geldbörse...!

Sogleich war ihr klar, daß sie nicht rechtzeitig zum Einkaufen kommen würde. Deshalb entspannte sie sich erst einmal und beschloß, ein bißchen länger zu bleiben und ein paar Projekte abzuschließen. Ihre Intuition rief ihr durch das »Schlüsselereignis« ihr inneres Wissen um ihre Arbeit, die in Ruhe erledigt werden wollte, ins Bewußtsein.

Das heißt natürlich nicht, daß jedesmal, wenn man seine Schlüssel irgendwo einschließt, eine Synchronizität stattfindet! Das *Ereignis* an sich war unwichtig im Vergleich zu dem damit einhergehenden *inneren Wissen*. Inneres Wissen ist etwas sehr Persönliches und für die Person und Situation Einzigartiges.

Die Synchronizität steuern

Meistens passiert Synchronizität »einfach so«, aber man kann sie mit ein paar Tricks auch steuern. Bei all diesen Techniken sollte man jedoch nicht vergessen, daß die *Kraft in uns* und *nicht in der Technik* liegt. Die Technik dient nur dem Zweck, das innere Wissen zu stimulieren. Manchmal klappt es und manchmal auch nicht. Der einzige, der entscheiden kann, ob es sich tatsächlich um eine synchrone Erfahrung handelt, sind Sie selbst.

Die Synchronizität läßt nicht mit sich handeln

Es passiert schon einmal, daß unser starker Wunsch, jemand oder etwas möge uns den richtigen Weg weisen, uns dazu verleitet, mit der Synchronizität einen Handel schließen zu wollen, nach dem Motto: »Wenn die Ampel an der nächsten Ecke auf Grün steht, gehe ich zu der Party am Sonntag.«

Diese »Wenn, ...dann«-Formulierungen, mit denen zwei unabhängige Dinge miteinander in Verbindung gebracht werden sollen, stellen den Versuch eines solchen »Kuhhandels« dar. Wie das Hineinlesen einer nicht vorhandenen Bedeutung ist dies eine Form von Aberglauben.

Am Anfang eines jeden Aberglaubens steht eine Synchronerfahrung, die oft für eine Person oder eine Gruppe von Menschen etwas Einzigartiges darstellt. Mit der Zeit wird aufgrund der Bedeutung des ursprünglichen synchronen Geschehens daraus eine Tradition, und die innere Bedeutung geht nach und nach verloren.

Es gibt eine Form von Aberglauben, derzufolge das Gehen unter einer Leiter oder das Zerbrechen eines Spiegels Unglück bringt. Irgendwann einmal mag tatsächlich ein Unglück auf eine solche Handlung gefolgt sein. Eine solche Tradition am Leben zu erhalten ist jedoch Aberglaube und hat nichts mit Intuition zu tun. Jede Kultur hat abergläubische Elemente. Welchen davon sind Sie noch untertan? Was, fürchten Sie, könnte passieren, wenn Sie dem Aberglauben zuwiderhandeln? Meistens können diese Ängste nicht beim Namen genannt werden, und das erschwert auch eine gründliche Überprüfung. Falls Sie zu den Menschen gehören, die sehr abergläubisch sind und das langsam satt haben, blättern Sie noch einmal zu dem Kapitel über Angst zurück und machen Sie noch einmal die Kernübung darin, wobei Sie Angst durch Aberglauben ersetzen.

----------------------- ✳ -----------------------

Übung 23
Synchronizitätsspiele

Die folgenden Übungen werden als »Spiele« bezeichnet, weil das genau die Grundhaltung sein sollte, wenn man synchrone Erfahrungen steuern möchte. Wenn Sie daran arbeiten oder sich gar zu viel Mühe geben, werden Sie für das innere Wissen nicht aufgeschlossen sein. Also heißt die Devise: entspannen und Spaß haben!

Ein Orakel befragen: Alle Orakel können Synchronizität hervorrufen. Wie »treffsicher« sie sind, hängt vom inneren Wissen des Ratsuchenden ab. Zu den meiner Meinung nach nützlichen Orakelformen zählen das I Ging, Tarotkarten, die Bibel, ein guter Freund, ein Ratgeber und viele andere.

Das Orakel ist eine Synchronizitätserfahrung, weil man dabei eine Frage stellt und abwartet, was in eben diesem Moment das tiefere innere Verständnis auslöst. Wird durch das Orakel das innere Wissen angesteuert, hat es funktioniert, wenn nicht, klappt's vielleicht das nächste Mal. Bitte seien Sie sich darüber im klaren, daß nicht das Orakel, sondern der Ratsuchende die Macht hat. Sie allein sind derjenige, der den Orakelspruch und seine Bedeutung verstehen und »deuten« kann.

Eine Münze werfen: Wenn Sie sich bei einer zu treffenden Entscheidung nicht entscheiden können, werfen Sie einfach eine Münze. Dabei spielt es keine Rolle, ob Sie Kopf oder Zahl werfen; vielmehr sollten Sie darauf achten, wie Sie sich bei Kopf beziehungsweise Zahl fühlen. Wollten Sie es so haben oder anders? Jetzt wissen Sie mehr über Ihren Wunsch!

✳

Übung 24
Gruppen-Synchronizitäts-Spiele

Gruppenübung 1
Diese Übung spiele ich in meinen Kursen immer, wenn es auf das Ende zugeht. Mindestteilnehmerzahl sind drei Personen. Jeder sucht sich aus seinem persönlichen Leben etwas aus, auf das er gerne eine Antwort haben möchte, sei es ein Problem, eine Situation oder eine Entscheidung. Die Frage sollte so formuliert sein, daß man sie mit »Ja« oder »Nein« beantworten kann.

Jeder der Teilnehmer nimmt zwei Stück Papier zur Hand, auf das eine schreibt er »Ja«, auf das andere »Nein«. Die Blätter werden mindestens zweimal gefaltet, um »Schummeln« zu vermeiden. Dann steht jeder auf und vermischt seine beiden Blätter ein paarmal; danach tauschen die Teilnehmer untereinander ihre Blätter aus, und zwar ein paar Minuten lang, damit jedes Blatt wirklich ein paarmal den »Besitzer« wechselt. Selbst wenn jemand danach immer noch eines seiner eigenen Blätter hat, ist das in Ordnung.

Jeder Teilnehmer faltet dann sein Blatt Papier auseinander und wartet ab, ob sich sein inneres Wissen meldet. Ist die Antwort wie erwartet? Oder nicht? Ausschlaggebend ist dabei das Gefühl, das das »Ja« oder »Nein« auf dem Papier bei Ihnen auslöst.

Die Worte auf dem Papier haben natürlich keine Macht über die Zukunft; sie dienen nur dazu, eine Synchronerfahrung auszulösen. Vor allem mit großen Gruppen macht das wirklich Spaß.

Und wenn wir schon bei großen Gruppen sind, möchte ich Ihnen noch eine andere Übung zur Dehnung des intuitiven Muskels vorstellen.

Diese Übung ist eigentlich unmöglich. Man kann sie gar nicht erklären, sie wird in keinem Fall einen Sinn ergeben. Lachen Sie mich ruhig aus. Wir sind gemeinsam jetzt so weit gekommen, da sollten Sie auch diese Übung noch mitmachen, selbst wenn Ihnen bald klar wird, daß eigentlich niemand die nächste Aufgabe erfüllen kann. Alles, was Sie tun können, ist tun und nicht zu versuchen, denn Versuche helfen Ihnen dabei nicht weiter.

Gruppenübung 2

Jeder Teilnehmer nimmt ein Blatt Papier zur Hand und schreibt eine Frage zu einem aktuellen Problem, einer Entscheidung oder einer Situation auf, zu der er gerne einen Rat hören möchte. Die Frage sollte so einfach und präzise wie möglich sein.

Dann werden die Blätter wieder ein paarmal gefaltet. Der Gruppenführer sammelt alles ein, mischt die Blätter und verteilt sie wahllos in der Gruppe. Nun hat jeder ein gefaltetes Stück Papier in der Hand, auf dem das Problem eines anderen (oder auch das eigene!) steht, allerdings weiß niemand, was auf dem Papier steht; es ist immer noch gefaltet.

Bis jetzt war alles ganz einfach. Doch nun kommt das Unmögliche: Ich bitte jeden der Teilnehmer, sich auf das Problem auf dem Papier einzustellen *und* auf die Lösung, *ohne sich das Geschriebene anzuschauen.* Ich weiß sehr wohl, daß das unmöglich ist, aber genau deswegen tue ich es.

Und so seltsam es klingen mag: Nachdem der intuitive Muskel »aufgewärmt« ist, beträgt die Genauigkeitsrate in all meinen Gruppen 80–90 %! Die Teilnehmer wissen zwar nicht Wort für Wort, worum es geht, obwohl es auch sprachliche Gemeinsamkeiten geben kann, doch sie bekommen ein Gefühl, ein Bild oder Gespür für das Problem. Und meistens enthalten diese Bilder oder Symbole tatsächlich die Lösung.

Vielleicht fragen Sie sich, was diese Übung eigentlich mit Intuition zu tun hat und wann sie in der wirklichen Welt überhaupt zur Anwendung kommen kann?

Der unendliche Geist und die wirkliche Welt

Zum einen wird durch diese Übung Ihr intuitiver Muskel weit mehr gestreckt, als Sie es je für möglich hielten, und das wiederum stärkt Ihr Vertrauen und Ihre Stärke. Es ist ein tolles Gefühl herauszufinden, wie Ihre eigenen Vorstellungen auf andere Menschen zutreffen. Die überraschten Teilnehmer entwickeln ein besseres Gespür dafür, wo ihr intuitiver Muskel ist und wie er funktioniert.

Man kann sich jahrelang über Intuition unterhalten und kann trotzdem nicht mit ihr umgehen und ein Gefühl für sie entwickeln. Nach einer solchen Übung dagegen wissen Sie sehr viel klarer, *wo* Ihr intuitiver Muskel ist und wie er funktioniert.

Und was die wirkliche Welt betrifft, auch da habe ich diese Übung schon erfolgreich angewandt. Ist der Wert der Intuition einmal erkannt worden, können im Büro oder in einer Aufsichtsratssitzung mit Hilfe dieser Übung wichtige Fragen und Entscheidungen genauer betrachtet und auch gelöst werden.

Die Übung umgeht erfolgreich den Experten-Verstand. Wie kann man über die richtige Lösung nachdenken, wenn man noch nicht einmal die Frage kennt?

Die durch diese Übung gewonnenen Einsichten können jede Situation unter einem ganz neuen Blickwinkel erscheinen lassen. Und neue Perspektiven sind bei jedem Entscheidungsfindungsprozeß sehr wertvoll.

Gruppenübung 3

Jeder non-verbale Prozeß kann beim Einschätzen der Intuition sehr hilfreich sein. Ich setze in meinen Workshops auch Techniken wie Zeichnen, Malen und Bemalen ein. Irgendwie enthüllen die Teilnehmer durch das Zeichnen sich und anderen ihre tieferen Gefühle und Gedanken zu einer bestimmten Situation.

Um den Zeichnungen Struktur zu geben, bitte ich die Teilnehmer, entweder ein Bild der entsprechenden Situation oder Entscheidung zu zeichnen oder irgend etwas, das ihnen – nach Beendigung einer Visualisierungsübung (*Die Wege, Zukünftige Ereignisse* etc.) – dazu einfällt. Dadurch wird ein gewisser Fokus geschaffen, und das Zeichnen kann beginnen, der Rest ergibt sich einfach. Ein Teilnehmer dachte beispielsweise über seinen Geschäftspartner nach und zeichnete eine große, kräftige Sonnenblume. Im Gespräch erkannte er dann, daß die Blume nur sehr kleine Wurzeln hatte und die Blüte dafür viel zu schwer war (das trifft natürlich nicht auf alle Sonnenblumen zu!). Er war zunächst beunruhigt, da er die schwachen Wurzeln als die langfristigen Absichten seines Partners interpretierte. Doch nach weiterem Nachdenken und einem Gespräch mit seinem Partner wurde ihm klar, daß er selbst in dieser Beziehung derjenige war, der tief verwurzelt und geerdet war. Er kümmerte sich um die Einzelheiten, während sein Partner durch seinen Weitblick das Geschäft expandierte. Sie brauchten sich gegenseitig.

Sie sollten immer daran denken, daß diese Übung mit Spaß verbunden ist. Selbst Menschen, die nie vorher gezeichnet haben oder glauben, daß sie nichts gut und richtig machen können, werden durch diese Übung wieder zum Kind – das Spaß am Spielen hat – und drücken sich ganz natürlich aus.

Gruppenübung 4

Suchen Sie sich eine Übung aus dem Buch aus, die Sie gerne gemacht haben, und führen Sie sie noch einmal aus. Dann zeichnen Sie ein Bild über Ihre Gefühle, Bilder und Empfindungen.

Kapitel 12
Gesundheit – Geld – Beziehungen

Ein Augenblick der Einsicht ist die Erfahrung eines ganzen Lebens wert.
– Oliver W. Holmes –

Bestimmte Fragen bezüglich des Gebrauchs der Intuition werden immer wieder gestellt:

Kann mir meine Intuition mitteilen, wenn meine Gesundheit gefährdet ist?

Kann Intuition mich auch bei finanziellen Entscheidungen »beraten«?

Ich verliebe mich immer wieder in den/die Falsche/n. Kann ich meine Intuition bei der Wahl meines Partners zu Hilfe ziehen?

Diese Themen spielen für uns alle eine wichtige Rolle. Auf alle Fragen heißt die Antwort: »Ja«, »Nein« und »Jein«. Inzwischen ist Ihnen ja sicher klar, daß Beziehungs-, Gesundheits- und Geld-Geschichten voller Emotionen, Wünsche, Ängste und Erwartungen stecken. Höchstwahrscheinlich kamen sie bei Ihnen in den anderen Übungen auch zur Sprache.

In diesen drei Lebensbereichen spielt die Intuition eine große Rolle. Da sie jedoch voller emotionaler Blockaden stecken, wird die Intuition gerade in diesen Fällen leicht behindert. Deshalb sollte man sich ruhig einmal genauer damit auseinandersetzen.

Die Hürden nehmen

In Gesundheits-, Geld- und Beziehungsangelegenheiten kommen ganz schnell unsere Ängste, Wünsche und Erwartungen zum Vorschein. Und genau dies steht unserer Intuition *im Weg*!

Finden wir durch das Gewirr dieser Hindernisse einen Weg, ist die Antwort: »Ja, Intuition kann uns weiterhelfen.« Wenn sie uns trotz allem immer wieder ein wenig »behindern«, lautet die Antwort »Jein/Vielleicht«. Unsere Intuition kann uns unterstützen, wenn wir die Hindernisse erkennen und mit ihnen fertig werden. Sind wir diesen »Stolpersteinen« jedoch nicht gewachsen, heißt die

Antwort: »Nein, wir können unseren Impulsen nicht trauen.« In diesem Fall hilft vielleicht professioneller Beistand, um zunächst einmal alles »auseinanderzusortieren«.

Ein paar Tricks können uns helfen, der Botschaft unserer Intuition doch noch auf den Grund kommen.

Intuition und Gesundheit

Die folgende Übung kann Ihnen helfen, Krankheit zu vermeiden und – zumindest in einigen Fällen – zu erkennen, daß unser Körper professionelle Hilfe braucht. Die Amerikaner geben Milliarden von Dollar für Gesundheitsprogramme, Diäten, Vitamine, Gymnastikkurse und Gesundheitstests aus. Doch wie oft kommt tatsächlich jemand auf die Idee, seine Intuition zu Rate zu ziehen?

Für manche ist die Übung sehr einfach und eine tolle Erfahrung; anderen dagegen fällt es eher schwer, Ängste, Wünsche und den Experten-Verstand zu überwinden. Gehören Sie zu denen, die meinen, ihre körperlichen Bedürfnisse zu kennen? Dann steht Ihnen Ihr Expertenverstand im Weg, und Sie sollten die entsprechenden Übungen noch einmal machen. Die Übung sollte in jedem Fall aber eine entspannende und erfrischende Wirkung haben.

Sie kann jedoch auf keinen Fall eventuell erforderliche medizinische Untersuchungen oder Gesundheitstests ersetzen! Eher ist sie dafür gedacht, solche Untersuchungen zu unterstützen und Ihnen ein Gespür dafür zu geben, was Ihr Körper braucht, damit Sie es dann mit einem Arzt oder Therapeuten besprechen können.

———————— ✳ ————————

Übung 25
Die Gesundheits-Übung

Setzen Sie sich bequem hin und schließen Sie die Augen. Während Sie tief atmen, stellen Sie sich vor, daß die Luft um Sie herum mit goldfarben funkelnder Energie gefüllt ist, die Sie einatmen.

Diese Energie stellt Lebenskraft, Vitalität und Wohlgefühl dar. Sie löst nach und nach jegliche Verspannungen und Schmerzen. Beim Ausatmen werden diese Elemente freigesetzt, beim Einatmen nehmen Sie die goldene, erfrischende Energie auf.

Nun richten Sie diese funkelnde Energie ganz gezielt in alle Teile Ihres Körpers. Alles soll davon erfüllt sein. Beginnen Sie mit den Füßen und spüren Sie, wie die goldene Energie durch Ihre Beine in Ihre Füße fließt, in Ihren Zehen zirkuliert, durch die Fußsohlen streicht und die Knöchel erreicht. Atmen Sie weiterhin alles aus, was Sie verspannt und was zu Unbehagen führt, und lassen Sie sich statt dessen von der glitzernden Energie erfrischen und vitalisieren.

Nun füllen sich Ihre Beine mit der funkelnden Energie, so wie sich ein Glas mit Wasser füllt. Sie kriecht in jeden Winkel Ihrer Beine und steigt dann weiter, in Ihren Oberkörper.

Gehen Sie sorgfältig vor, damit auch wirklich jeder Teil Ihres Körpers energetisiert, entspannt und erfrischt wird. Genießen Sie das Gefühl dabei, das Lösen der Spannung, die Erfrischung, während die goldene Energie Ihren Brustkasten, den oberen Rücken und die Schultern erreicht. Sie fließt über in die Arme und Ellbogen und erreicht die Hände, jeden einzelnen Finger.

Die Energiefünkchen erreichen nun Ihren Nacken und Ihre Kiefer und schließlich das Gesicht und den Kopf. Sie spüren, wie sie die Ohren, die Wangen, die Nase und die Augen, sogar die Augenlider und Wimpern durchflutet. Und überall bewirken die goldenen Energiefünkchen Entspannung und Vitalisierung.

Nun füllt sich auch der Punkt zwischen Ihren Augen mit Energie, und Sie spüren, wie sie Ihren Scheitel erreicht, Ihre Haare und Kopfhaut durchdringt. Sie sind jetzt völlig entspannt und fühlen sich gleichzeitig wunderbar frisch. Immer noch fließt die goldene Energie durch Sie, löst alle Spannungen, Schmerzen und störende Gedanken und setzt sie beim Ausatmen frei.

Gehen Sie nun an den Ort, wo Sie Ihrer Intuition begegnet sind. Hat sich dort etwas verändert? Möchten Sie etwas ändern?

Neben diesem Ort werden Sie nun einen neuen Platz schaffen. Er ist die ideale Heilumgebung für Sie. Stellen Sie sich vor, wie Sie zu diesem Ort gehen oder die Tür dahin durchschreiten.

Sind Sie dort angekommen, schauen Sie sich erst einmal gründlich um. Was für ein Ort ist das? Was hat er für Dinge, Spielzeug, Ausstattung? Spielt Farbe eine Rolle? Oder vielleicht die Ausstattung und das Ambiente? Wie fühlt sich die Luft an? Sie sollten sich hier durch und durch wohlfühlen.

Dieser Ort ist ein Ort der Heilung, die ideale Umgebung für Körper, Geist und Seele, damit Sie wirklich »heil« werden können. Hier können Sie alles haben, was Sie sich wünschen. Was immer Ihnen hilft, sich wohlzufühlen, können Sie sich erschaffen.

Nun laden Sie den für Sie idealen Arzt oder Heilpraktiker zu sich ein – jemanden, dem Sie voll und ganz vertrauen, mit Körper, Geist und Seele; jemanden, der alles über Sie und über die Heilkunst weiß.

Wer auch immer Ihrer Einladung folgt, heißen Sie ihn/sie willkommen. Es kann jemand sein, den Sie kennen, oder auch jemand, der ganz perfekt ist, vielleicht Ihre Phantasievorstellung von jemandem, von dem Sie viel gehört haben, den Sie aber noch nicht kennengelernt haben. Ihre Wahl mag für Sie selbst eine große Überraschung sein oder auch als die einzig richtige, offensichtliche Möglichkeit erscheinen. Das spielt überhaupt keine Rolle. Wichtig ist nur, daß die Person Sie gut kennt und Sie ihr vollkommen vertrauen.

Dieser Heiler untersucht Sie nun gründlich. Da er Ihnen gegenüber sehr empfindsam ist, wirft er vielleicht nur einen Blick auf Sie und weiß genau, was in Ihrem Körper los ist. Die Untersuchung kann aber auch ganz konventionell ablaufen, unter Umständen mit entsprechenden Geräten und Apparaturen.

Nach und während der Untersuchung sollten Sie Ihrem ärztlichen Freund gut zuhören, sich seine Entdeckungen und Empfehlungen genau einprägen. Wenn Heilung – in irgendeiner Form – jetzt gleich stattfinden oder in die Wege geleitet werden kann, lassen Sie dies geschehen.

Achten Sie auf die Ratschläge Ihres Arztes. Was müssen Sie unternehmen, um Ihre Gesundheit und Lebenskraft zu verbessern?

Dann danken Sie Ihrem ärztlichen Helfer für seinen Besuch und verabschieden ihn.

Gehen Sie nun wieder an den Hauptort zurück, wo Sie Ihrer Intuition begegnet sind. Lassen Sie sich ein wenig Zeit, um die heilende Wirkung zu spüren und zu genießen. Dann kommen Sie langsam in die Wirklichkeit zurück. Werden Sie sich noch einmal der goldenen Energiefünkchen bewußt, die immer noch durch Ihren Körper schwirren, und genießen Sie auch dieses Gefühl.

Atmen Sie ein paarmal tief durch und gehen Sie dann langsam mit Ihrer Aufmerksamkeit in Ihren Körper, an Ihren Sitzplatz. Sobald Sie dafür bereit sind, öffnen Sie die Augen.
Notieren Sie die Erlebnisse in Ihrem Tagebuch.

———————— ❋ ————————

Erfahrungen

Diese Übung hat zu überraschenden und unterschiedlichsten Ergebnissen geführt. Die in Erscheinung tretenden Ärzte rangierten von hochkarätigen Wissenschaftlern bis zu einem indianischen Schamanen; es waren sowohl Männer als auch Frauen und Kinder darunter. Auch religiöse Figuren wie Jesus Christus oder die Jungfrau Maria tauchten als Heiler auf.

Mein eigener Arzt ist ein alter Chinese, der meinen Gesundheitszustand durch Pulsdiagnose feststellt. Im wirklichen Leben ist mir kein chinesischer Arzt bekannt, aber in meinen Meditationen taucht er auf, und ich vertraue seinem Urteil. Er scheint wirklich alles über Körper, Geist und Seele zu wissen.

Manche meiner Studenten haben Ärzte, die Kräuter-, Vitamin- oder Massagebehandlungen »verschreiben«. Manchen machen Psychologen auf Gefahren aufmerksam. Unserer Phantasie sind keinerlei Grenzen gesetzt, alles ist möglich.

Wenn Sie das Gefühl haben, daß Sie Angst davor hatten, Ihrem Arzt zuzuhören oder daß Sie nur das hörten, was Sie hören wollten oder nichts Neues über sich erfuhren, sollten Sie noch einmal die Übungen machen, die den Geist öffnen. Suchen Sie sich in den vorhergehenden Kapiteln diejenigen Übungen aus, die auf Ihre individuelle Situation zutreffen.

Hatten Sie Angst? Dann machen Sie die Übung *Ängste loslassen.* Haben Sie nur das gehört, was Sie hören wollten? Dann hilft die Übung *Wünsche verstehen.* Und wenn die Botschaft Ihres Arztes für Sie nichts Neues enthielt, beschäftigen Sie sich noch einmal mit dem *Anfänger-Geist.*

Es kann passieren, daß Sie das Gefühl haben, Sie hätten bereits gewußt, was Ihr Arzt Ihnen mitteilen würde, daß Sie dies aber bis dahin ignoriert oder nicht darauf geachtet haben. Das kann durchaus eine Form der Intuition sein; sie macht Ihnen klar, daß das, was Sie wissen, wichtig ist und ernst genommen werden sollte. Eine Intuition ist nicht unbedingt eine großartige »Erleuchtung«. Sie kann auch einfach das bestätigen, was wir bereits auf einer Ebene wissen. Machen Sie ruhig weiter damit, Sie sind gut dabei!

Für die nächsten zwei Themen für Fortgeschrittene, Geld und Beziehungen, werden bereits bekannte Techniken kombiniert und dann direkt auf die angesprochenen Bereiche gerichtet.

Geld und Intuition

Eine der allerersten Fragen über meine Arbeit lautet: »Kann Intuition auch bei Geldgeschäften, zum Beispiel an der Börse oder bei Investitionen, weiterhelfen?«

Geld gehört in eine emotional sehr geladene Kategorie. Die meisten Menschen haben – bewußt und unbewußt – viele angelernte Einstellungen zu Geld, auf den unterschiedlichsten Ebenen. Auf die eine oder andere Art kontrollieren diese Grundhaltungen unseren finanziellen Erfolg. Und meistens stehen sie unserer intuitiven Fähigkeit im Weg, sobald es um Gelddinge geht.

Ich hoffe, daß Sie mit Hilfe der nachfolgenden Übungen in Geldangelegenheiten eine etwas klarere Intuition ausbilden können. In ihnen werden bereits bekannte Übungen kombiniert und speziell im Hinblick auf Geld angewandt.

Doch zu allererst sollten Sie sich die unten aufgeführten Fragen beantworten. Sie werden Ihre Gedanken und Gefühle bezüglich Geld anregen. Seien Sie ehrlich mit sich selbst und schreiben Sie die Antworten auf. Überlegen Sie sich, wie Ihre Einstellung zu Geld Ihre Beziehung dazu in Ihrem gegenwärtigen Leben bestimmt.

Geldfragen

Ist Geld etwas Gutes oder etwas Schlechtes?

Was würde ich machen, wenn ich soviel Geld hätte, wie ich mir wünsche? Wie würde dies mein Leben verändern?

Woran hindert mich meine jetzige Geldsituation? Wozu motiviert sie mich?

Wie stehen/standen meine Eltern zu Geld? Ist meine Einstellung ähnlich?

Wie hat sich Geld auf mein Leben ausgewirkt?

Wie würde ich mich fühlen, wenn ich morgen all mein Geld verlieren würde?

Nun können wir die Beziehung zum Geld noch genauer anschauen.

———————— ✳ ————————

Übung 26
Die Geld-Übung

Setzen Sie sich bequem hin und schließen Sie die Augen. Während Sie tief atmen, stellen Sie sich vor, daß die Luft um Sie herum mit goldfarben funkelnder Energie gefüllt ist, die Sie einatmen.

Diese Energie stellt Lebenskraft, Vitalität und Wohlgefühl dar. Sie löst nach und nach jegliche Verspannungen und Schmerzen. Beim Ausatmen werden diese Elemente freigesetzt, beim Einatmen nehmen Sie die goldene, erfrischende Wirkung auf.

Nun richten Sie diese funkelnde Energie ganz gezielt in alle Teile Ihres Körpers, wie in der Gesundheits-Übung. Falls Sie diese Übung nicht gemacht haben, entspannen Sie sich einfach und atmen die goldenen Energiefunken tief ein. Lassen Sie die Energie durch Ihren ganzen Körper strömen und lassen Sie beim Ausatmen jegliche Spannung und Schmerzen los.

Nun denken Sie kurz über Geld nach. Dabei entsteht in Ihrem Kopf ein Bild, das für Sie Geld repräsentiert. Lassen Sie sich ruhig Zeit, es gibt keinen Grund, etwas zu erzwingen. Jeder von uns hat irgendeine Beziehung zu Geld, und das passendste Bild oder Symbol wird automatisch auftauchen.

Dieses Bild oder Symbol, das für Sie Geld repräsentiert, lassen Sie nun über Ihrem Kopf aufsteigen. Wie fühlt es sich dort oben an? Hat das Bild Gewicht und Volumen?

Ein Teil dieses Symbols bricht nun ab und fällt in Ihren Körper. Seien Sie offen, damit es in Sie hineinfallen kann. Es wird irgendwo landen, an einem Platz, wo es entweder »festsitzt« oder sich gut aufgehoben fühlt. Vielleicht läßt es sich auch an mehreren Plätzen häuslich nieder. Auch das ist in Ordnung. Ist Ihnen aufgefallen, wo es zuerst war oder wo es sich am schwersten angefühlt hat? Gehen Sie nun mit Ihrer Wahrnehmung an den Ort, wo sich das Symbol befindet beziehungsweise wo es am schwersten zu sein scheint.

Nehmen Sie sich die Zeit herauszufinden, wie es sich anfühlt, wie es aussehen würde, wenn Sie es sehen könnten, und welche Konsistenz und Farbe es hat.

Dann stellen Sie sich die folgenden Fragen und warten die Antwort ab.

Sind mit diesem Gefühl irgendwelche Erinnerungen verknüpft? Was würde das Gefühl mir mitteilen, wenn es reden könnte?

Wie wirkt sich dieses Gefühl auf meine Beziehung und Einstellung zu Geld aus? Unterstützt es mich oder steht es mir eher im Weg?

Denken Sie nun an eine für Sie wichtige aktuelle Situation, in der es um Geld geht. Wie würde das Gefühl mit der Angelegenheit umgehen?

Wie würde ich mit der Situation umgehen, wenn ich dieses Gefühl im Leben nicht hätte?

Bedanken Sie sich dann für alle erhaltenen Informationen. Lassen Sie das Gefühl in Ihrem Körper los; auch das Bild/Symbol über Ihrem Kopf löst sich nun langsam auf.

Nehmen Sie nun wieder Ihre Atmung wahr und kommen Sie in die Wirklichkeit zurück. Sobald Sie bereit sind, können Sie die Augen aufmachen und Ihre Erfahrungen ins Tagebuch eintragen.

---------------- ✳ ----------------

Erfahrungen

Sicher haben Sie bemerkt, daß in dieser Übung die Intuitionsübung aus Kapitel 2 zur Anwendung kommt. Für manche Menschen unterstützt das Geld, das sich in ihrem Körper niederläßt, ihre Beziehung zu Geld. Anderen wiederum wird klar, daß bestimmte Einstellungen ihre Beziehung zum Geld beeinträchtigen. Die Übung hilft Ihnen, Ihre unbewußten Gefühle in bezug auf Geld näher anzuschauen.

Eine Studentin nahm zum Beispiel das Dollarzeichen $ als Geldsymbol (das ist gar nicht so üblich, wie Sie vielleicht denken). Das

abgebrochene Stück landete in ihrem Kopf, und zwar ziemlich in der Mitte. Es stellte für sie das Gefühl dar, daß sie eigentlich Geld *verdient* hatte.

Als sie weiterforschte, assoziierte sie mit diesem Gefühl ihre Gewohnheit, mehr Geld auszugeben, als ihr zur Verfügung stand. Irgendwie meinte sie wohl, daß ihr finanzieller Rahmen bedeutete, daß sie nicht das bekam, was sie eigentlich verdiente. Seit kurzem hatte sie es satt, immerzu Schulden zu haben, und die Übung half ihr, die emotionale Barriere – innerhalb ihrer finanziellen Mittel zu leben – zu durchbrechen.

Ein anderer meiner Studenten spürte das Geldstück zwischen den Schulterblättern. Das damit verbundene Gefühl vermittelte ihm, daß Geld für ihn eine Last war, die ihn von dem, was er eigentlich tun wollte, abhielt. Als er tiefer in dieses Gefühl einstieg, wurde ihm klar, daß Geld mit seiner Angst, das zu tun, was er gern tun wollte, im Zusammenhang stand. Oder anders ausgedrückt: Er glaubte, daß dann, wenn er wirklich tat, was er wollte, kein Geld mehr da wäre. Und solange er Geld verdienen mußte, konnte er nicht einmal darüber nachdenken, was er eigentlich wollte.

Diese Erkenntnis brachte ihn dazu, einmal einzuschätzen, was er mit dem, was er machen wollte, eigentlich verdienen könnte. Und ihm wurde klar, daß es sich finanziell sehr wohl rentieren würde, wenn er dem Ganzen eine entsprechende Struktur gab.

Ein anderer Mann hatte als Geldsymbol einen goldenen Schlüssel. Der Schlüssel stand für Macht, und er fiel in seinen Magen. Geld war für ihn also Macht, die Macht, das zu tun, was er wollte, die Macht, sein Leben zu kontrollieren.

Dahinter wiederum kam das Gefühl zum Vorschein, daß er in geschäftlichen Situationen oft die Kontrolle zu verlieren schien und anderen Beteiligten regelrecht ausgeliefert war. Und deshalb verlangte er bei Verhandlungen immer zu wenig Geld und fühlte sich dann machtlos.

Als ihm dieser Zusammenhang klar wurde, begann er, seinen Wert neu einzuschätzen und sich selbst mehr Wert beizumessen.

Noch mehr Geld-Übungen

Die folgenden Übungen können Ihnen helfen, finanzielle Situationen und Entscheidungen zu untersuchen und auch Ängste und Wünsche, die im Wege stehen, zu überwinden. Inzwischen sind Sie in der Lage, selbst zu entscheiden, welche der Übungen für Sie persönlich hilfreich sind.

Entscheidungswege
Ängste loslassen
Wünsche verstehen
Sich auf zukünftige Ereignisse vorbereiten

Intuition und Beziehungen

Für fast alle Menschen sind Beziehungen gleichzeitig etwas Wunderbares und Schwieriges. Wir fragen uns, wie wir in bestimmten Beziehungen mehr Nähe schaffen können, oder ob wir in anderen Beziehungen wirklich das bekommen, was wir brauchen.

Die Entscheidung, so etwas durchzuarbeiten oder einfach weiterzugehen, ist meistens nicht so einfach. Immer wieder passiert es, daß wir uns fragen, wie wir mit einer bestimmten Person klarer kommunizieren könnten, oder wir stellen fest, daß wir wieder einmal echten Kontakt mit einer Person, die wir lieben, vermeiden und uns innerlich von ihr entfernen.

Was steht im Weg?

Bei Beziehungen mit der Intuition zu arbeiten kann voller Fallen sein. Unsere emotionalen Bedürfnisse, Wünsche und Ängste werden uns dabei laufend im Weg sein. Unser Experten-Verstand hat uns jahrelang vorgeschrieben, was gut für uns ist; auch er steht unserem inneren Wissen im Weg.

Als erstes müssen wir Neutralität üben. Das klingt in manchen Situationen schwierig, ist jedoch ein Schlüssel, um klar zu sehen, was in einer Beziehung passiert und wie es weitergehen könnte.

Neutralität in Beziehungen und Intuition

Ein wenig Neutralität kann uns sehr dabei unterstützen, in einer Beziehung zu wachsen. Sie hilft uns, besser auf das zu hören, was die andere Person uns mitteilen möchte und auf der anderen Seite auch klarer zu sehen, was wir selbst eigentlich dem anderen vermitteln möchten, damit dies besser klappen kann.

———————— ✳ ————————

Übung 27
Beziehungs-Übung Nr. 1

Sicher können Sie sich noch an die Neutralitäts-Übung aus Kapitel 6 erinnern. Dabei haben Sie zwischen sich und einer Person, die Ihnen ziemlich auf den Geist ging, einfach eine dicke Glaswand errichtet und Ihre emotionale »Temperatur« niedrig gehalten. Durch die so praktizierte Neutralität wurde es Ihnen möglich herauszufinden, was diese Person Ihnen eigentlich sagen wollte und – umgekehrt – was Sie ihr zu sagen hatten. Für die Beziehungs-Übung Nr. 1 machen Sie noch einmal diese Übung, doch diesmal wählen Sie eine Person aus, zu der Sie eine enge Beziehung haben.

Falls Sie im Moment keine engeren Beziehungen haben, stellen Sie sich einfach einen Idealpartner vor, mit dem/der Sie die Übung durchführen. Oder nehmen Sie eine Bezugsperson aus der Vergangenheit dafür. Auch die Geld-Übung ist in leicht abgewandelter Form für Beziehungen hilfreich.

———————— ✳ ————————

Übung 28
Beziehungs-Übung Nr. 2

Setzen Sie sich bequem hin und schließen Sie die Augen. Während Sie tief atmen, stellen Sie sich vor, daß die Luft um Sie herum mit goldfarben funkelnder Energie gefüllt ist, die Sie einatmen.

Diese Energie stellt Lebenskraft, Vitalität und Wohlgefühl dar. Sie löst nach und nach jegliche Verspannungen und Schmerzen. Beim Ausatmen werden diese Elemente freigesetzt, beim Einatmen nehmen Sie die goldene, erfrischende Energie auf.

Nun richten Sie diese funkelnde Energie ganz gezielt in alle Teile Ihres Körpers, wie in der Gesundheits-Übung. Falls Sie diese Übung nicht gemacht haben, entspannen Sie sich einfach und atmen die goldenen Energiefünkchen tief ein. Lassen Sie die Energie durch Ihren ganzen Körper strömen, und lassen Sie beim Ausatmen jegliche Spannung und Schmerzen los.

Nun denken Sie kurz über Beziehungen nach. Dabei entsteht in Ihrem Kopf ein Bild, das Ihre Gefühle über Beziehungen repräsentiert. Lassen Sie sich ruhig Zeit, es gibt keinen Grund, etwas zu erzwingen. Jeder von uns hat Gefühle über Beziehungen, und das passendste Bild oder Symbol wird automatisch auftauchen.

Dieses Bild oder Symbol, das für Sie Beziehungen repräsentiert, lassen Sie nun über Ihrem Kopf aufsteigen. Wie fühlt es sich dort oben an? Hat das Bild Gewicht und Umfang?

Ein Teil dieses Symbols bricht nun ab und fällt in Ihren Körper. Seien Sie offen, damit es in Sie hineinfallen kann. Es wird irgendwo landen, an einem Platz, wo es entweder »festsitzt« oder sich gut aufgehoben fühlt. Vielleicht läßt es sich auch an mehreren Plätzen häuslich nieder. Auch das ist in Ordnung. Ist Ihnen aufgefallen, wo es zuerst war oder wo es sich am schwersten angefühlt hat? Gehen Sie nun mit Ihrer Wahrnehmung an den Ort, wo sich das Symbol befindet beziehungsweise wo es am schwersten zu sein scheint. Nehmen Sie sich die Zeit herauszufinden, wie es sich anfühlt, wie es aussehen würde, wenn Sie es sehen könnten, und welche Konsistenz und Farbe es hat.

Dann stellen Sie sich die folgenden Fragen und warten die Antwort ab.

Sind mit diesem Gefühl irgendwelche Erinnerungen verknüpft? Was würde das Gefühl mir mitteilen, wenn es reden könnte?

Wie wirkt sich dieses Gefühl auf meine Einstellung und Gefühle zu Beziehungen aus? Unterstützt es mich oder steht es mir eher im Weg?

Denken Sie nun an eine für Sie wichtige aktuelle Situation, in der es um eine ganz bestimmte Beziehung geht. Wie würde das Gefühl mit der Angelegenheit umgehen?

Wie würde ich mit der Situation umgehen, wenn ich dieses Gefühl im Leben nicht hätte?

Bedanken Sie sich dann für alle erhaltenen Informationen. Lassen Sie das Gefühl in Ihrem Körper los; auch das Bild/Symbol über Ihrem Kopf löst sich nun langsam auf.

Nehmen Sie nun wieder Ihre Atmung wahr und kommen Sie in die Wirklichkeit zurück. Sobald Sie bereit sind, können Sie die Augen aufmachen und Ihre Erfahrungen ins Tagebuch eintragen.

———————— ✻ ————————

Diese Übung kann Ihre Einsichten über Ängste und Wünsche, die Ihnen bei Beziehungen im Wege stehen, noch vertiefen. Ihre Intuition kann Ihnen beim Verständnis Ihrer Beziehungen ein wertvoller Ratgeber sein. Die meisten Menschen erkennen, daß Beziehungen normalerweise nicht rationell greifbar sind, sondern Emotionen beinhalten und deshalb eher »Herzensangelegenheiten« sind. Beim Unterscheiden von Emotionen, die noch tiefere und echte Beziehungen ermöglichen, und solchen, die eher zu Frustration, Einsamkeit und Rückzug führen, ist unsere Intuition ein guter Führer.

Einer meiner Studenten praktizierte die Übung mit seiner Verlobten. Das Symbol war der Ehering, er fühlte es in seinem Magen, was ihm Übelkeit verursachte. Und dann sprach seine Intuition zu ihm, und er erkannte, daß er bei den Hochzeitsvorbereitungen nicht sehr hilfreich gewesen war. Dahinter wiederum stand die Angst vor dem Eheleben. Er schrieb seine Ängste in seinem Tagebuch nieder und sprach auch mit den anderen Kursteilnehmern und schließlich mit seiner Verlobten darüber. Danach fühlte er sich viel besser und konnte seinen Beitrag bei den Hochzeitsvorbereitungen leisten. Doch was war mit seiner Angst geschehen?

Sie war nicht einfach verschwunden, sondern war ihm nun bewußt, so daß er mit ihr besser umgehen konnte. Solange er sich dieser Angst nicht bewußt war, wurde er von ihr kontrolliert und war sich noch nicht einmal darüber im klaren.

Ein anderer Student nahm sich seinen Chef als »Bezugsperson«. Er konnte mit ihm nie richtig reden und wollte den Grund dafür herausfinden. Das Symbol fiel in seinen Kopf. Intuitiv spürte er, daß er seinem Chef nicht das sagte, was er wirklich dachte. Er war so damit beschäftigt herauszufinden, was sein Chef hören wollte, daß er sich über das, was er mitteilen wollte, gar nicht richtig im klaren war. So war es kein Wunder, daß es mit der Kommunikation nicht klappte. Diese Erkenntnis brachte ihn dazu herauszufinden, was er sagen wollte und was seiner Meinung nach sein Chef hören wollte, wodurch die Kommunikation einfacher wurde.

Beständiges Intuitions-Training

Mit den in diesem Buch vorgestellten Werkzeugen sind Sie in der Lage, eine tiefe und dauerhafte Beziehung zu Ihrer Intuition herzustellen. Es liegt nun an Ihnen, das Gelernte zu üben, auszuarbeiten, zu testen, einzuschätzen und in die Praxis umzusetzen. Die Intuition ist unendlich geduldig. Sie geht nicht einfach, sondern wird Ihnen immer wieder Botschaften übermitteln, selbst wenn Sie sie nicht hören, falsch interpretieren oder sich von Ihren Ängsten beherrschen lassen.

Trotzdem sollten Sie weitermachen. Das Wartungsprogramm wird Ihre Intuition aufrechterhalten, so daß sie Ihnen immer ein verläßlicher Partner ist.

Intuition und Logik

Intuition ist eine wertvolle Informationsquelle. Sie soll logisches, rationales Denken nicht ersetzen, sondern unterstützen. Wenn Sie Ihre intuitiven Eindrücke bei Entscheidungsfindungsprozessen einbeziehen, ist Ihre ganze Persönlichkeit beteiligt. Schließen Sie Ihre Intuition aus, ist nur ein Teil Ihres Selbst »bei der Arbeit«. Stellen Sie zwischen diesen beiden Teilen – Ihrem Verstand und Ihrer Intuition – einen Dialog her. Dadurch kann Ihr Leben zum Abenteuer werden! *Genießen Sie es!*

Literaturhinweise

Agor, Westen H.: *Intuitives Management. Die richtige Entscheidung zur richtigen Zeit durch integrierten Einsatz der Fähigkeiten des rechten und linken Gehirns,* Bremen 1989.

Blanchard, Kenneth und Spencer Johnson: *Der Minuten-Manager,* Reinbek 1993.

Bolen, Jean Shinoda: *Tao der Psychologie. Sinnvolle Zufälle,* Basel 1989.

Deikman, Arthur J.: *Therapie und Erleuchtung. Die Erweiterung des menschlichen Bewußtseins,* Reinbek 1986.

Gawain, Shakti: *Stell dir vor. Kreativ visualisieren,* Reinbek 1986.

Gendlin, Eugene: *Focusing. Technik der Selbsthilfe bei der Lösung persönlicher Probleme,* Salzburg 1981.

Goldberg, Philip: *Der zündende Funke: Die Kraft der Intuition,* Düsseldorf 1993.

Jampolsky, Gerald: Lieben heißt, die Angst verlieren, München 1991.

Rowan, Roy: *Spitzenleistungen durch intuitives Management,* Düsseldorf 1989.

Suzuki, Shunryu: *Zen-Geist Anfänger-Geist. Unterweisungen in Zen-Meditation,* München 1990.

Thiele-Dormann, Klaus: *Intuition,* Hamburg 1990.

Vaughan, Frances E.: *Intuitiver leben. Wie entwickle ich mein inneres Potential,* Frankfurt/Main 1991.

Volkamer, Klaus, Christian Streicher und Ken G. Walton: *Intuition und Kreativität. Neue Wege zum bewußten Handeln,* Hamburg 1991.

Witzenmann, Herbert: *Intuition und Beobachtung,* Stuttgart 1977.

Zdenek, Marilee und Klaus D. Hoppe: *Die Entdeckung des rechten Gehirns. Der kreative Prozeß. Das persönliche Programm zur Befreiung der schöpferischen Kräfte,* Bremen 1992.

Zilch, Max J.: *Intuition und Ganzheit,* Heidelberg 1977.